TUDO O QUE QUERO QUE OS MEUS FILHOS SAIBAM

por Joaquim Calainho

Joaquim Calainho

Capa: Carlota T Duarte, a partir de uma fotografia de Jesse Collins.

AGRADECIMENTOS

Este livro é escrito para os meus filhos, claro.

Acima de tudo gostaria de agradecer a todos aqueles, e aquelas, que passaram pela minha vida; que deram, ou tiraram, algo – que no fundo me tornaram mais no que sou. Às vezes bastou um pequeno gesto, uma palavra, para me deixarem uma marca duradoura. É-me impossível nomear tais pessoas – em muitos casos nem sequer tenho um nome: apenas a memória das palavras ou gesto.

Mesmo aquelas pessoas que partilharam a minha vida, familiares e amigos, é-me difícil nomear todos – e a ordem poderia parecer importante, pelo que penso ser melhor não nomear... e, de qualquer maneira, vocês sabem quem são (espero!). Mas, mesmo aquelas pessoas, sabendo ou não quem são, que me enganaram, ludibriaram ou me maltrataram, quero que saibam que este livro também vos é dedicado. Quando se tira, ou se magoa, também se está a transformar. E gosto de acreditar que, ao longo da minha vida, vou construindo um Joaquim melhor. Obrigado pela vossa ajuda!

Quem não posso deixar de nomear é o Papa Francisco, por me chamar. Com as suas palavras e actos, com o seu exemplo. Obrigado.

E os meus filhos. Tenho aprendido tanto com as frustrações que me deram como com os exemplos que me deixam cheio de orgulho. Creio que todos participaram, cada um ao seu modo particular. Mas não posso deixar de agradecer publicamente todo o trabalho que a Carlota teve a fazer a capa! Espero que concordem que valeu a pena!

E a Sofia... penso que nunca encontrarei palavras apropriadas para agradecer a Deus este encontro. Mas Ele sabe, mesmo que eu não o consiga exprimir. E como poderei agradecer à Sofia, todo o encorajamento? Todo o carinho e apoio? Bem... se vivesse mais cem anos talvez tivesse tempo para começar.

E finalmente a minha Mãe, claro. Por tudo e por me ter tentado explicar tudo isto, quando eu era pequeno. Talvez sem muito sucesso na época, mas com perseverança e carinho. Espero que esteja contente, porque não foi em vão.

PREFÁCIO

É realmente uma grande pretensão, pretender que se pode escrever num simples livro tudo o que queremos que os nossos filhos saibam. Além de que, na verdade, os nossos filhos devem aprender é com os próprios erros e o exemplo dos pais e familiares.

Irei tentar explicar esta minha pretensão. Mas primeiro, em minha defesa, tenho de dizer que não vivo com os meus filhos, não tive essa opção (ou considerei que o preço seria demasiado elevado, para eles). Assim não tiveram a oportunidade de ver o meu exemplo no dia-a-dia... o que pode parecer vantajoso, pois pode-se retirar a primeira parte da expressão "não faças como eu faço, faz como eu digo"; visto não saberem ao certo como faço. Contudo sei que certas atitudes descontextualizadas não são exemplo. E, ao não terem contacto diário, os modelos perdem força, consistência. Os meus pais deixaram-me muito cedo, é verdade, mas ainda assim sou perfeitamente capaz de recordar os seus exemplos. E quando penso o que a minha Mãe faria, nesta ou naquela situação, não creio que esteja a fazer um vão exercício de imaginação.

E isto leva-nos a outro dos motivos que me levaram a escrever este livro. Para a maior parte das situações diárias os meus filhos ainda terão de pensar por si, ou "imaginar" o que alguém faria. Mas pelo menos em alguns casos não terão de estar dependentes da memória – podem ler, ou mesmo reler, este livro. Acreditar que o que escrevo aqui possa ajudar ou interessar a qualquer outra pessoa, isso já é mesmo pretensão minha.

Mas esse meu desejo tem fundamento na minha experiência: a sabedoria vem das fontes mais improváveis. Quantas vezes não me aconteceu, ao longo da minha vida, alguém dizer um disparate, e este ficar-me na cabeça. Revelando, depois de alguma reflexão, conter uma verdade inesperada? Ou pessoas, cuja inteligência não tinha em grande consideração, dizerem-me algo profundamente verdadeiro? Ou alguém estar a falar de algo completamente diferente e eu perceber que aquele "disparate" pode ser aplicado a algum outro problema que me atormente? Assim, já que comprou este livro, já que teve a paciência e a bondade de ler até aqui, aconselho que continue, e acabe; que também não é assim tão grande. Quem sabe se no chorrilho de disparates que se segue não encontra algo útil? E mesmo que apenas uma frase se mostre realmente útil penso que já terá valido a pena!

Mas, para ser sincero, a minha grande ambição neste livro é explicar aquelas frases extremamente simples, que todos já devemos ter ouvido. Frases como "o Amor é benigno" ou "o Amor nada espera", tão simples, que já ouvimos tantas vezes... sem nunca as compreender. Bem, pelo menos eu! Ouvi-as tantas vezes, entendia todas as palavras, mas nunca entendi o sentido destas frases, pelo menos até há uns quinze anos atrás (no dia 28 de Outubro de 2003, para ser mais preciso). Vou tentar explicar como passaram a fazer sentido. O mais certo é não conseguir (se fosse assim tão simples a minha mãe tinha-me explicado tudo antes de eu ter 4 anos). Mas vale a pena tentar.

O crédito do que é dito nas páginas seguintes (se houver algum) não me pertence. Na maioria dos casos são coisas que li ou ouvi, algumas que vi. Em princípio podem ser encontradas em vários livros, que versem sobre os respectivos assuntos. Embora admita que possa ter tirado algumas conclusões, ou feito algumas sínteses, o que terá aberto a porta a alguns erros, que são apenas meus, claro (e é algo que os meus filhos podem saber desde já: uma pessoa assume a responsabilidade das suas observações e conclusões). Talvez o meu maior mérito, se o quiserem reconhecer, foi juntar esta colecção num pequeno livro.

No fundo trata-se de tudo o que eu quereria dizer aos meus filhos, se fosse morrer amanhã. Creio que se deve viver sempre pronto para morrer, e não gostaria de morrer sem lhes dizer tudo isto. Talvez o devesse dizer oralmente e pelo exemplo. Mas seria conversa para longas horas, sem contar com as interrupções, que os meus filhos também não são perfeitos. Distraem-se. Temos pouco tempo juntos e nem sempre têm paciência para me ouvirem (muitos pais se queixam do mesmo, alguns admitem que podem ter parte da culpa, outros limitam-se a culpar as novas tecnologias). Assim, por escrito, ficam com as palavras para quando as quiserem ouvir e eu fico descansado, porque lhes disse. Se, ao estarem publicadas, servirem a mais alguém, melhor!

Claro que gostava que os meus filhos soubessem mais do que o que vem neste livro! Que fossem economistas, físicos, engenheiros, médicos (ou qualquer campo que escolham) meritórios e reconhecidos... que tivessem sucesso nas respectivas profissões, que tivessem uma vida familiar estável e feliz. Mas neste livro tenho a esperança de pôr tudo o que realmente necessitam para serem felizes. E, no fim, é isso que importa.

ÍNDICE

NOTA
INTRODUTÓRIA

Não faz parte do meu plano ter, ou usar, qualquer autoridade. Repare-se como são escassas as notas (quando terminei, apercebi-me que não eram assim tão poucas; mas deixei esta frase assim: dá ar de quem costuma ler livros com imensas notas). E, normalmente, são para alongar um pouco mais um ponto que sai da linha de raciocínio principal, ou para introduzir uma linha de pesquisa, não para pôr alguma autoridade no que é dito. Porque não interessa tanto quem diz, mas o quê – e não o digo por causa da minha dificuldade em decorar nomes e rostos! Muitas vezes nem interessa se é verdade ou não, interessa apenas se nos faz pensar. Contudo, em caso de dúvida, pode-se sempre fazer uma pesquisa rápida na *Wikipédia*. Pesquisar, mesmo que seja de um modo tão fácil, é o primeiro passo para se pensar.

Também a Bíblia é citada nesse espírito: não como fonte de verdade absoluta. Aliás nenhum livro o deve ser (excepto, claro, o *Dicionário Geral e Analógico da Língua Portuguesa*, Edições Ouro, 1948). Especialmente no Antigo Testamento encontramos muitas passagens que nos deixam perplexos. Mas deve-se reconhecer a sabedoria que a Bíblia encerra, pelo menos em algumas partes. Não é preciso acreditar em Deus para o fazer. O único ponto que se assemelha a dogma neste livro é que acredito que ao sermos pessoas melhores seremos mais felizes. E não espero que aceitem isto como um facto, vou tentando explicar porquê, talvez sem o conseguir, mas pelo menos tentando uma aproximação; o que já não será mau!

Um ponto que talvez seja útil esclarecer desde já é como distingo Mundo de Universo. O Universo (ou Multiverso[1]) é o que pode ser estudado pela Física, algumas pessoas poderiam dizer o que *realmente* existe. O Mundo é onde vivemos, não apenas o espaço físico, mas também emocional, o que vemos, sentimos e pensamos. Inclui histórias e pessoas, amores e ódios (mas a estes evitem-nos!), alegrias e tristezas, crenças, mentiras e convicções.

Este livro também não é definitivo. Prometi aos meus filhos há uns anos que ia escrever este livro. Estou contente por não o ter conseguido na altura: aprendi muito, nos últimos anos! Pode ser que agora fique mais perto da versão final. Todavia, como tenho esperança de continuar a aprender, espero ainda aprender algo que valha a pena incluir...

O facto de não ser definitivo pode ser aborrecido para as edições tradicionais, mas a versão electrónica é facilmente actualizada. E grátis, claro. Irritam-me aqueles escritores que escrevem várias vezes o mesmo livro com títulos diferentes e tentam cobrar como se fosse um novo livro. Porque aliás se espero melhorar o livro é também com a ajuda dos meus leitores. Contudo, se comprou a versão em papel na Amazon, saiba que pode descarregar, de graça, a versão electrónica (através do programa MatchBook). – que, em princípio, se actualizará automaticamente.

Por isso, caso queira deixar-me a sua opinião, não se iniba de me mandar um email para joaquimcalainho@gmail.com . Para corrigir ou comentar alguma passagem.

I. DEUS E O UNIVERSO

ATITUDE CIENTÍFICA

À primeira vista pode parecer que cada avanço científico nos afasta mais de Deus. Que a Humanidade começou com deuses que lançavam relâmpagos, que se envolviam em todos os aspectos da vida diária e que, à medida que esses fenómenos vão sendo explicados, nos afastamos de Deus. Que de um Zeus que provocava as tempestades e lançava os raios passámos a um Grande Relojoeiro, apenas um Criador, um Deus que terá criado o Universo e perdido qualquer interesse em interferir.

E hoje até mesmo o Grande Relojoeiro pode estar a ser afastado: os físicos teóricos discutem a necessidade de uma Primeira Causa. Discute-se o que é o Nada, se pode existir ou é uma impossibilidade física, se as condições iniciais (antes do Big Bang) precisam de explicação, ou se apenas são assim, sem mais. A Ciência tem-nos afastado do centro do Universo e ao fazê-lo parece que nos afasta também de Deus. Chegando ao ponto de parecer que acreditar em Deus e manter uma atitude científica são incompatíveis.

Mais, e é com pena que o digo, desde há uns tempos (uns dois ou três séculos) que existe uma campanha, em especial contra a Igreja Católica, em que se afirma que esta têm-se oposto, desde a Idade Média, ao desenvolvimento científico. É mentira, pelo menos no modo como é dito. Uma teoria tão controversa como a Evolução das Espécies teve mais bispos, católicos e não só, a advogarem-na do que a atacarem-na. Nunca os monges católicos ensinaram que a Terra era plana, e se é verdade que o Papa Urbano VIII advogava um modelo Geocêntrico, não é verdade que Galileu tenha sido condenado à morte por defender o modelo Heliocêntrico: foi perseguido, sim, colocado em prisão domiciliária, mas por ter exposto o tema de modo a ridicularizar o Papa, o que dificilmente poderá ter sido sem malícia... embora da acusação também constasse ter apresentado o seu modelo (Heliocêntrico), não como modelo, mas como facto. A verdade é que mesmo nas comunidades científicas as novas teorias normalmente não são aceites imediatamente pelos seus méritos: são aceites à medida que os defensores das antigas teorias se retiram... não esperem perfeição de algo feito por homens, seja a Igreja Católica, seja a comunidade científica e muito menos governos, evitam muitas desilusões.

Mas, apesar de reconhecer as dificuldades, e porque não creio que os afaste de Deus, a primeira coisa que gostava que os meus filhos soubessem é manter o cepticismo científico. Sabemos que não é fácil, porque não se pode tomar nada como certo, mas não se podem negar as evidências. As nossas opiniões devem ter sempre por base "até prova em contrário". Este princípio, manter a mente aberta, serve para todos os campos e para toda a vida. Não é aplicável apenas à Ciência, mas a tudo. Poderia ser tentador dizer a tudo menos a burlões... mas não é verdade, pelo contrário! É justamente nestes casos que manter a mente aberta pode revelar-se mais útil!... porque manter a mente aberta não significa deixar entrar qualquer coisa como verdade, mas sim abrir sempre a porta a que algo seja verdade, ou mentira. E manterem-se abertos à possibilidade de ser mentira deveria ser o suficiente para evitar a maioria dos burlões. Ou pelo menos é o melhor que posso fazer para vos ajudar. Posso dizer desde já para afastarem astrólogos e outros videntes, mas não faço ideia das próximas burlas que irão encontrar, portanto o melhor é manter uma atitude científica. Sobre burlas financeiras, se isto não chegar, lembrem-se: se algo parece bom demais para ser verdade... muito provavelmente é mesmo. Além disso podem sempre ler *Aqui Há Gato*, de Ken Fisher[2].

Mas lembrem-se também de aplicar este princípio ao resto da vida, um pouco como usarem vocês os três filtros de (ou atribuídos a) Sócrates (se é mesmo Verdade, se é Bondoso ou, pelo menos, se é Útil), ao que ouvem, porque poucas pessoas os aplicam ao que dizem. Portanto, mesmo em conversas de café, mantenham a mente aberta; às outras possibilidades, e especialmente à hipótese de não ser Verdade – porque não ser Bondoso, normalmente, é algo evidente.

É claro que manter uma atitude assim, constante, durante toda a vida é impossível. Nem os próprios cientistas o fazem, nem sequer no seu próprio campo. Questões como autoridade (ou seja, prestar mais atenção a quem diz e não ao que realmente é dito) ou procurar activamente provas que corroborem a nossa tese em vez daquelas que a contradigam, estão sempre presentes. Mas é importante ter esta noção. Fazer este exercício, por vezes. Pôr questões e dúvidas e obrigar-nos a pensar nos assuntos. Neste mundo em que gostam tanto de nos apresentar "factos científicos", ou dizer "toda a gente sabe", é sempre bom ter a capacidade de duvidar. Seja se os buracos negros podem mesmo evaporar ou se a vizinha realmente nunca toma banho. Não digo para viverem numa dúvida metódica, digo que a exerçam. E que o façam com alguma regularidade.

Claro que se um professor diz algo é diferente de um patarata qualquer dizer. É a tal questão da autoridade. Um professor tem obrigação de ter estudado o assunto, de seguir o programa, e, portanto, de dizer a verdade, na medida do possível. Aliás penso que se não houvesse esta autoridade, seja de professores, seja dos pais, dificilmente alguém poderia aprender o que quer que fosse. Mas isso não significa que tudo o que um professor diga seja verdade, nas nossas escolas, por exemplo, ensinam a Revolução Francesa como algo muito positivo. Uma grande alegria... mas se estudarem mais aprofundadamente verão que não foi bem assim. Que "Igualdade, Liberdade e Fraternidade" não passaram de palavras ocas, na maior parte do tempo. Que o Grande Terror foi real. Que as desigualdades que a Revolução afirma ter vindo terminar foram substituídas por outras, talvez piores, que ainda hoje estamos a sofrer...

Finalmente este cepticismo deve também ser aplicado à própria pessoa. Todos cometemos erros; todos tínhamos óptimas razões para os fazer. Verifiquem os vossos motivos, especialmente nas acções mais duvidosas. Podemos ter cinco óptimos motivos para fazer algo, mas deve-se verificar se o sexto, o motivo errado, não é o mais importante. Muitas vezes descobrimos, tarde demais, que era. Ou pior: dizemos que "aconteceu assim", mentindo a nós próprios. Sei que o farão, porque todos o fazemos; mas se, uma ou outra vez, derem por vocês a duvidar dos vossos próprios motivos, significa que estão no bom caminho.

Outro conselho que vos daria sobre Ciência é diversificar. Diversificar é bom, seja em investimentos, em amigos ou em conhecimentos. Não digo para tirarem vários cursos superiores... embora possam! Mas, pelo menos, ler um ou outro livro sobre qualquer assunto que vos interesse. Mesmo que sejam apenas livros de introdução, ao menos ficam a saber do que trata essa disciplina. Acreditem que todas as disciplinas têm algo a dizer-vos (excepto, talvez, a Sociologia[3]... desculpem os sociólogos, mas certos erros têm de se pagar). Uma pessoa educada deve saber pelo menos um pouco de Física, História, Direito, Economia, Música, Engenharia, Medicina, Psicologia, Artes... Não sendo perito, mas apenas o suficiente para apreciar o Mundo à sua volta. Não precisam de "ter jeito". Por exemplo, a minha mãe, que ensinava Piano, tentou ensinar-me a tocar durante quase dez minutos! Foi o tempo que demorou a perceber que eu não estava a brincar e a tentar evitar a aula: estava de facto a esforçar-me. Acreditem: quando uma mãe desiste de ensinar ao próprio filho a sua própria Arte... é mesmo sinal de inabilidade extrema deste! Mas tal não me impede de me interessar pela Música... e apreciá-la... à minha maneira, porque, no fundo, as disciplinas científicas são modos de olhar e compreender o Mundo, as Artes de o sentir e exprimir. Devem-nas usar.

Pode parecer-vos estranho, insistir tanto na dúvida, num capítulo onde vou falar de Deus. Afinal de contas quando se fala de Deus costuma-se também falar de Dogmas, verdades inquestionáveis. Mas Jesus[4] disse que se deve amar Deus com todo o coração e toda a inteligência. Não concebo inteligência sem dúvidas. Portanto não creio que se deva aceitar dogmas apenas porque sim. Ao questionar, ao duvidar e reflectir, sobre os dogmas estarão a fazer mais, na minha opinião, do que alguém que os aceite sem mais apenas porque um catequista assim disse.

Por outro lado, é perfeitamente lícito aceitar dogmas. Pode-se reflectir sobre um assunto e chegar-se à conclusão que não se compreende e aceitar que deverá ser assim. Isto é válido tanto em termos religiosos como científicos: Richard Feynman dizia que se alguém afirmar compreender a Electrodinâmica Quântica está a mentir. Contudo a Electrodinâmica Quântica apresenta as previsões mais precisas da História da Ciência. Apresenta resultados. Consegue-se trabalhar com ela mesmo sem a compreender. Tem-se, portanto, de aceitar a sua validade. Além do mais é humanamente impossível estar-se, hoje, a par de toda a Ciência.

Nos Dogmas religiosos, deve-se aplicar os mesmos princípios: se o resto faz sentido, se apresenta resultados (se as pessoas são melhores e mais felizes), podem-se aceitar. Mas é importante reflectir e verificar os resultados. Não quero que vão parar a um culto que acredite que serão transladados para a "nave-mãe" imolando-se, porque aceitaram tudo como um dogma!!

SOBRE DEUS

Já vimos que devemos manter sempre uma atitude científica, em todos os assuntos. Fará algum sentido então falar sobre Deus? Especialmente se vou começar por dizer que Deus não se prova.

Se ouvíssemos todos uma voz vinda do céu, em todas as línguas do mundo, mesmo que a Ciência não conseguisse explicar de onde vinha ou o que a produzia, isso não seria Deus, seria apenas uma voz no céu. Nem visões de anjos nem de demónios. Nem sequer, como já vimos, a existência do Universo (ou Multiverso) prova a existência de Deus, aliás a Primeira Causa nunca me convenceu: mesmo que seja precisa não significa que essa primeira causa seja Deus... poderia ser... a Inquisição Espanhola! Aposto que não esperavam por esta[5]! Não creio que alguma vez se possa provar a existência (ou não) de Deus, se alguém disser o contrário creio que estará apenas a limitar Deus (a sua imagem de Deus, para ser mais preciso).

Como os criacionistas, que exigem que Deus tenha criado todos os animais como os conhecemos. Algo que qualquer agricultor, criador de cães, ou simples estudante (nem precisa de ser bom) do oitavo ano vos pode assegurar ser mentira. Mas exigir que Deus tenha criado os animais tal como os conhecemos é na realidade limitar Deus. É dizer que Deus não tem a capacidade de prever todas as possibilidades da evolução, que não poderia prever que simples cadeias de moléculas um dia se transformariam em seres humanos. A evolução das espécies não só é um facto como não impede que Deus me tenha criado. A mim, ou àquele cão, gato ou ser humano em particular. Porque, quer Deus exista quer não, faz parte da sua definição a capacidade de compreender o Universo na sua totalidade. Seja um átomo, uma galáxia ou um verme, a Sua mente abarca-os constante e completamente; tal faz parte da Sua definição. Deus, a existir, preocupa-se tanto com o destino de uma partícula subatómica como com o de uma galáxia pejada de seres inteligentes; porque a sua preocupação não tem limites, nem a sua mente; não precisa de parar de pensar em alhos para pensar em bugalhos. Por definição Deus não vê apenas uma galáxia, abarca toda a galáxia, todos os seus seres, mundos, átomos e partículas subatómicas. E faz isto constantemente, não sobre uma, mas sobre toda a infinidade de galáxias que existam. E mais, não só sobre como elas são agora, mas como são ao longo de todo o tempo (ou como foram e serão, como nós, criaturas temporais, gostamos de dizer).

Digo isto porque, independentemente de acreditarem ou não (e visto eu pensar que Deus não pode ser provado, é mesmo de acreditar que se trata), acho que é sempre bom terem uma melhor ideia de Deus. Deus existe (ou não), independentemente da ideia que tenhamos Dele. Não quero ofender as religiões de revelação: mesmo que aceitemos que Deus se revela ao Homem, o Homem não consegue abarcar na totalidade o conceito de Deus, portanto cria sempre uma imagem. Mas creio, por todos os motivos, que terem uma imagem melhor de Deus do que um velhinho de barbas ou um monstro voador de esparguete à bolonhesa é sempre bom. É bom porque não farão figura de idiotas ao abordarem o assunto, é bom porque uma boa imagem de Deus os torna pessoas melhores, mais inteligentes... e porque, se Deus existir, se aproximam mais Dele.

Devemos manter uma imagem aberta. Não nascemos ensinados, não nascemos a saber tudo, ao contrário do que Platão gostava de dizer. É com a vida que aprendemos e a nossa imagem de Deus deve acompanhar a nossa aprendizagem. Aliás é com as coisas mais incríveis que mais podemos aprender sobre Deus; quando dizemos isto é impossível, Deus não o permitiria! É nesses momentos que, provavelmente, temos de rever a nossa imagem, melhorá-la e aproximá-la mais de Deus.

É por isto que gostaria de discutir esta imagem de Deus, mais em pormenor, supondo que Deus existe.

E SE DEUS EXISTIR?

Vamos supor que Deus existe, por agora. Será bom ou mau? Poderá ser assim-assim? Bem... o ser assim-assim é o mais complicado. Por dois motivos, primeiro, se pensamos num Ser sem limites, omnipresente, omnisciente, omnipotente, perfeito, infinito, também não o conseguimos conceber sem ser infinitamente bom, ou infinitamente mau. Criar um Universo, cada átomo, cada ser, para depois lhes ser indiferente, parece não fazer sentido nenhum. Não faz. É por isso que a imagem do Grande Relojoeiro me enerva tanto: um relojoeiro constrói um relógio, verifica se funciona bem, pode admirar um pouco o seu trabalho, mas segue para o próximo. Pode até ser fascinado por relógios, pelo seu funcionamento, mas dificilmente se prende a um único relógio, dificilmente fica fascinado por cada pequena peça do seu relógio. Um Deus assim-assim não só não faz sentido como não nos é útil: é apenas um dragão de garagem, tal como descrito por Carl Sagan. Se Deus criasse o Universo apenas por entretenimento não poderia ter criado um Universo mais divertido? Pelo menos sem tantas pessoas aborrecidas?

E um Deus infinitamente mau? Bem, em princípio tal devia poder ser afastado à priori: não é verdade que podíamos sofrer muito mais do que sofremos? Termos constantemente a sensação de estarmos a ser dilacerados, queimados, ou vivermos sempre sozinhos... ou pior, estarmos sempre rodeados de pessoas extremamente aborrecidas? Claro que podíamos pensar que passamos bons momentos para sofrermos mais com os maus. Mas um Deus assim precisaria de um Universo? Não lhe bastaria criar-nos com extrema sensibilidade à dor e criar um inferno de Dante? Onde não só seríamos sujeitos a todo o tipo de torturas, como seríamos torturados por demónios com um grave problema de empatia: não só sofreríamos as torturas, como os demónios sofreriam ao nos torturarem...

Talvez não se possa negar completamente a hipótese de um Deus mau e trocista. Um Deus que tenha criado o Universo tal como é, para nos convencer que é bom, para no fim nos colocar no tal inferno de Dante... sendo que esta vida é apenas um momento, em que podemos ser felizes, mas que o gosto de ver as nossas caras quando nos apercebemos do erro O compense... mas temos de admitir que é rebuscado. Creio que o simples facto de podermos estar contentes um minuto deveria afastar a hipótese de um Deus mau. Porque não se esqueçam: não é um Deus mauzinho e limitado; um Deus mau e ilimitado seria capaz de nos proporcionar tormentos inimagináveis, constantemente. Coisas muito piores do que ler um livro aborrecido!

E bom? Como se pode conceber que um Deus infinitamente bom tenha criado um Mundo com tanto mal? Se Deus é bom porque é que existe tanto mal no Mundo? Acreditem que esta é uma questão que tem atormentado os teólogos ao longo dos séculos. Se Deus é perfeito e infinitamente bondoso, de onde vem o Mal?

Bem, na verdade esta questão não faz sentido nenhum: por definição o Mal (como tudo o resto) vem de Deus. Portanto a verdadeira questão não é de onde vem, mas para que serve. A resposta mais corrente é que o Mal é necessário para termos livre arbítrio. É claro que o livre arbítrio é um problema em si: seja porque se Deus sabe tudo, passado e futuro, então já sabe tudo o que vamos fazer, e estaremos destinados a fazê-lo. Seja, por outro lado, porque vários neurologistas defendem também que todas as decisões que tomamos estão previamente definidas pelo nosso cérebro[6]. Que já estão tomadas, independentemente da nossa vontade. Contudo podemos aqui evocar a Electrodinâmica Quântica, para evitar ambos os determinismos: a nível neurológico as variações quânticas podem ter influência[7]; ao nível do conhecimento prévio de Deus podemos socorrer-nos da imagem quântica: temos uma infinidade de trajectórias pela frente, Deus conhece-as a todas, mas qual escolhemos depende de nós. Ou talvez, como defendem alguns, todas as hipóteses, todas as trajectórias, existam em Universos paralelos... a verdade é que toda esta problemática do determinismo é um pouco irrelevante: seja como for, nós sentimos que temos escolhas, sentimos que as fazemos, sofremos e alegramonos pelas opções que tomámos e é isso que realmente nos importa.

A resposta standard é que, para termos escolha, temos de poder errar, o mal tem de ser uma possibilidade, e existe porque muitas pessoas escolhem mal. Mas que termos a possibilidade de escolher, mesmo mal, é mais importante que o efeito nefasto de tais opções.

Mas a minha resposta vai um pouco mais além, se me é permitido dizer. Somos fruto da nossa história. Do que vimos, ouvimos e sentimos. Das escolhas que fazemos, das decisões que tomamos, dos hábitos que adquirimos. Claro que, em grande parte, somos moldados pelo Mundo em que nascemos – quando, onde, com quem. Mas também participamos no processo de nos criarmos. Não fomos apenas criados assim por Deus, somos responsáveis por nos construirmos, em cada um de nós, participamos na Criação. Creio que quando se diz que fomos feitos à imagem e semelhança de Deus é nesse sentido: Deus permite-nos sermos criadores. E ao criarmos algo que Deus ama profundamente devemos ficar orgulhosos. Não é bom poder dizer "eu contribuí para ser esta pessoa que Deus ama"; em vez de apenas "Deus criou-me de um modo que Lhe agrada"?

De certo modo é complementar: o único cantinho do Mundo que podemos realmente modificar, somos nós próprios. Podemos construir coisas e assim modificar o Universo, claro; mas no nosso Mundo, quanto às pessoas que nos rodeiam, só podemos realmente modificar-nos a nós próprios. Aos outros... apenas por via indirecta, dependendo da sua vontade, pelo exemplo, sendo quem somos. E essa é também a nossa maior e mais nobre missão: modificarmo-nos, construirmo-nos; para sermos mais nós próprios. Considerar os infortúnios como oportunidades de crescermos, de nos construirmos.

E é por esse motivo que hoje, com cinquenta anos, olho para trás e penso: nunca me aconteceu nada de mal. Claro que me aconteceram coisas más. Muitas. Estou mesmo tentado a dizer demasiadas... mas tudo o que aconteceu contribuiu para eu ser quem sou, ajudou-me a tornar-me em quem sou. Avaliando pelo Amor que Deus me tem, isso é algo fantástico, que justifica qualquer mal.

E chega de mal por agora. A ideia principal aqui é compreender-se que Deus, a existir, deverá ser bom, conhece-nos melhor que nós próprios e ama-nos mais do que nós próprios. Que apesar do mal que pratiquemos para Deus todos os nossos momentos são preciosos, dignos de serem memorizados e apreciados. Isto porque para Deus, penso eu, as nossas maldades são menores que as maldades de uma criança, são justificadas por quem somos e porque mesmo os nossos erros podem inspirar os outros, a tornarem-se melhores. Não há bons ou maus exemplos, há exemplos que queremos, ou não, seguir!

Eu justifico o Mundo, e o mal é a maior dádiva de Deus ao Homem.

Mas não tirem esta frase do contexto, porque, como veremos, sou também o que faço e sou diante dos outros, e não basta Deus amar-me; eu também tenho de me amar. Sempre. E isso é muito importante.

O DEUS EM QUE EU ACREDITO

T alvez devesse pedir desculpa por insistir tanto em Deus, afinal de contas este capítulo chama-se "Deus e o Universo", deveria versar sobre Deus e a Ciência, porquê esta disparidade entre a atenção que dou a um e a outro tema?

A resposta é simples. Sobre Ciência encontrarão centenas de livros, que, se forem inteligentes, quererão ler... bem talvez dezenas. Encontrarão sempre pessoas dispostas a falar, a comentar, Ciência. Sobre Deus não. Evitam-se livros sobre religião. Parece-me que se fala cada vez menos de Deus e quem fala, quem gosta de falar, normalmente é para dizer disparates. Assim parece-me mais importante focar-me no que é raro e não no que é abundante. E sabem a verdade? Embora gostasse muito que conhecessem as ciências, e o considere importante, o conhecimento de Deus (da ideia de Deus, se quiserem) é muito mais importante para a vossa felicidade.

Como já vimos, Deus, a existir, é bom. Ou quase certamente bom. E ilimitado, infinito, omnisciente e omnipresente. Realmente importante é não limitar Deus. Nós é que fomos feitos à Sua imagem e semelhança, não o contrário!

Um Deus assim não se limita a criar um Universo. Cria Mundos. Um Mundo específico para cada um de nós. Sabem a história do copo meio cheio ou meio vazio? Pois cada ser humano vê também um Mundo próprio, pessoal. Não só pelo local onde nasce e vive, nem só pela época em que vive; vê um Mundo distinto porque é diferente, já nasceu único e a sua vida molda-o, acima de tudo porque faz opções diferentes. Neste momento segundo creio existem mais de sete mil milhões de Mundos diferentes, e isto apenas na Terra – não sabemos o que se passa no resto do Universo, muito menos se for um Multiverso. Nada nos garante que Deus esteja focado apenas em nós, pelo contrário. Além das possibilidades praticamente ilimitadas do Universo existem ainda os animais. Já olharam para os olhos de um cão? Não merecerá ele também o Amor de Deus?

Não vou entrar em questões doutrinárias, se os animais têm ou não alma. Mas sinto que cada criatura tem exactamente a mesma atenção, o mesmo Amor de Deus que cada um de nós. A atenção de Deus é infinita, não diminui por mais dividida que seja, como já vimos. Portanto é apenas lógico que o raio do mosquito que nos pica tenha, também ele, toda a atenção de Deus.

Mas voltando ao facto de cada um viver no seu próprio Mundo, escolhido cuidadosamente por Deus para cada um de nós. Reparem na maravilha: sete mil milhões de Mundos, simultâneos, sobrepostos, a influenciarem-se, mas sempre diferentes. A influenciarem-se é importante: significa que o que fazemos altera o Mundo em que os outros vivem. Se eu der um sopapo ao Inácio, Inácio passará a viver num Mundo onde eu lhe dei um sopapo. Tal como eu passarei a viver num Mundo onde o Inácio levou um sopapo, e não um sopapo qualquer, mas um sopapo dado por mim. Assim, um momento antes de dar o dito sopapo, tenho a opção de escolher em que Mundo vou viver, e também, até certo ponto, o Mundo em que Inácio vai viver. Todas as nossas decisões criam Mundos neste sentido.

Mas então pode surgir a questão: como saber qual a vontade de Deus? Em que Mundo quer Deus que Inácio viva? No Mundo com ou sem o dito sopapo? Como posso saber se estou a cumprir a vontade de Deus? Bem, temos duas respostas para isto.

A primeira devia ser muito óbvia: um Deus que precise de mim para cumprir a sua vontade seria de facto um Deus muito pequeno. O plano de Deus tanto é eu dar o sopapo ao Inácio como não dar. Ficaremos os dois um pouco diferentes, claro, conforme a opção; mas Deus amará ambos os Inácios e ambos os Joaquins. Não podemos dizer que Deus amará mais o Inácio que levou o sopapo e o perdoou, do que o Inácio que não levou o sopapo... Mas nós, que não somos Deus, talvez tenhamos mais facilidade em amar o Inácio que perdoa o sopapo... ou o Joaquim que não o deu.

A segunda também devia ser óbvia: como Deus ama Inácio profundamente preferirá (se tal se pode dizer) a hipótese em que também eu demonstre mais amor por Inácio. Assim de repente não vejo bem como dar o sopapo ao Inácio possa demonstrar mais amor do que não dar, mas nunca se sabe.

Tentem conceber um Deus que está atento a cada fotão, cada quark (ou à mais elementar partícula descoberta), e, simultaneamente, a triliões de Mundos, de sentimentos, de olhares, de cabelos – estão todos contados. É um bom exercício.

Tentem conceber um Deus que ama todas as pessoas profundamente, não só agora como sempre. Capaz de amar um Adolfo Hitler, tal como ama os judeus que este mandou para as câmaras de gás. Simultaneamente, e ama agora, se quiserem, porque, como diria Santo Agostinho (e, pelo menos desde Einstein, a Física), o Tempo é um atributo deste mundo. Capaz de sentir, e amar, a dor do pássaro caçado e a alegria do gato que o caça.

Se perguntarem porque é que Deus, que ama tanto as pessoas, não intervém no universo, para as pessoas serem mais felizes, mando-vos ler novamente a parte sobre o mal. Mas se perguntarem porque é que não se observam milagres, constantemente, que provem a existência de Deus a resposta já é diferente.

O primeiro erro é considerar que para Deus é importante provar a Sua existência. Não é, e veremos isso melhor no capítulo seguinte. Mas por agora basta-nos pensar: Deus não amará pessoas que não acreditem nele? Ateus? Pessoas com dúvidas? Ama, por definição. Se Deus nos provasse a sua existência perderia a possibilidade de amar essas pessoas, não era? Note-se que quando digo que Deus não se prova (nem a sua não existência) não estou a limitar Deus: se quiser (usar o verbo querer em respeito a Deus é um eufemismo, claro) prova-Se. Só não acredito que o queira, porque há não-crentes maravilhosos. No fundo, acredito num Deus económico; que não criou nem um átomo desnecessário, nem uma pessoa que não amasse profundamente.

O segundo erro é esquecermos que o Homem é um ser inteligente (bem, talvez nem todos). E isso significa indagar, investigar o que se encontra à sua volta. Talvez o Homem pudesse viver num mundo pleno de milagres, mas seria um Homem sem Ciência. Tal como creio que Deus criou um Mundo perfeito para cada um de nós se construir, assim creio que criou um Universo que o Homem pudesse investigar e estudar, porque a Ciência faz parte de nós. Deus quer-nos assim: gordos, magros, narigudos, e muito mais imperfeitos por dentro, mas participantes na nossa própria construção. E quer-nos a investigar o Mundo, curiosos, maravilhados por conseguir perceber pequenas partes do Universo. Um Universo onde as coisas acontecessem apenas porque sim, por milagre, não seria um Universo que fomentasse o conhecimento científico.

Mas note-se que isto não significa que Deus não possa operar milagres, que não possa interferir no Mundo ou no Universo. Pode; e creio que o faz. Se o faz rodeando as leis da Física é algo que não se deve pôr automaticamente de parte: pode bastar um pequeno toque, algo praticamente imperceptível, para mudar toda a vida de uma pessoa. Portanto não penso que se deva pôr essa hipótese (pelo menos a possibilidade) de lado *a priori*. Mas vamos antes concentrar-nos em como Deus o pode fazer sem as quebrar, sem, pelo menos aparentemente, forçar as leis da Física.

SENTIR SEM PROVAR

Creiam que chegámos finalmente à parte em que veremos porque é tão importante ter uma boa ideia de Deus. Claro que é bom termos uma boa ideia Dele, para sermos mais inteligentes, melhores pessoas (depois tentarei explicar melhor porque é bom ser melhor pessoa). Mas agora vamos ver porque é bom ter uma boa ideia de Deus num ângulo muito diferente, que vos poderá trazer uma felicidade completamente diferente, outra ordem de grandeza, do que apenas ser inteligente e boa pessoa.

Deus não se prova, mas pode-se sentir.

Lembram-se da atitude científica? Imaginem a seguinte história:

Um chinês, digamos Wong Ming, é condenado à morte, por crimes contra a Pátria. Os seus pais, os senhores Wong, veem não só o seu nome arrastado na lama, como sabem ainda que não só as suas carreiras sofrerão bastante como ainda terão de pagar a bala que irá matar o seu filho (pelo menos é o que se diz aqui no Ocidente).

Ming (que significa brilhante) prepara-se para o inevitável. Preso e condenado por um crime que não cometeu, sente a injustiça de se saber vítima de uma qualquer maquinação de um funcionário corrupto. Mas sabe também que nada há a fazer:

mesmo com os bons ofícios do seu advogado nunca se encontrou qualquer pista que levasse ao misterioso funcionário. Pelo contrário, cada investigação parecia acumular provas contra Ming. Claro que já se questionou sobre a capacidade do seu advogado, ou mesmo a sua isenção. Já gritou a injustiça, já o chamou de vendido; já pediu desculpa aos pais, não pelo que fez, mas pelos incómodos que causou.

Mas esta manhã, enquanto é dirigido para a sua execução, encontra-se calmo. Nada mais há a fazer, apenas aceitar o seu destino. Já chorou a sua sorte, hoje quase que se alegra por o seu suplicio terminar em breve.

Ajoelha-se, enquanto ouve o click, da pistola a ser armada para a sua execução, observa o cinzento do cimento cru, à sua frente... e repara que é vermelho.

Sente-se desamparado, os guardas que o seguravam largaram-no, sente-se cair no tapete vermelho. A sua primeira preocupação, estranhamente, é que vai sujar um lindo tapete. A luz fria da madrugada transformou-se na luz quente de um final de tarde soalheiro. Ouviu gritos, interjeições abafadas de espanto. E deu por si aos pés do embaixador chinês junto da República do Chile.

Não sei se o senhor Yang Wanming (actual embaixador da China no Chile, em 2019) tem filhas, mas se tiver acredito que sejam lindas. Mas isto é apenas uma história, sem qualquer relação com a realidade, portanto vamos manter a nossa personagem apenas como Embaixador da China no Chile.

Para encurtar uma longa história o Embaixador, espantado, maravilhado, com a súbita aparição de um condenado à morte no tapete da sua sala, decide ele próprio tomar providências. Investiga o caso, usa todos os meios ao seu dispor e desmascara o ilusivo funcionário corrupto, que tinha usado o nosso Wong Ming como bode expiatório para os seus crimes. Ao longo deste processo Ming é tratado como um hóspede. Inicialmente com alguma reserva, mas, à medida que a sua boa índole e inocência se tornam mais evidentes, cada vez com mais carinho e respeito. Especialmente por Li, a bela filha do Embaixador, com quem começa a desenvolver uma verdadeira amizade.

Quando finalmente todo o caso é deslindado e o seu nome, e dos seus pais, limpo, já Ming se tornou uma presença indispensável na Embaixada Chinesa em Santiago. E não apenas para Li. As suas virtudes tornaram-no um importante membro não oficial do staff diplomático, e agora, com o cadastro limpo, pode tornar-se membro oficial e inicia uma carreira diplomática que muitos descrevem como brilhante.

Passados alguns anos, os seus pais, agora reformados, seguem viagem para conhecerem o seu recém-nascido neto, fruto do feliz casamento de Ming e Li.

Imaginemos qual seria a nossa reacção a uma história assim. Supondo que tudo isto era não só verdade como facilmente verificável. Um cientista, sério, teria de reconhecer que, por mais improvável que esta sequência de acontecimentos fosse, teria acontecido, provavelmente fruto de uma grande variação quântica. Sabem que isto pode acontecer, certo?[8]

Bem, talvez não saibam. Mas um cientista, um bom cientista, pode calcular as probabilidades de tal acontecer. Eu não. Mas creio que o Universo ainda não tem idade para ser provável um chinês ter ido (ou ir) parar ao outro lado do mundo apenas por flutuação quântica. Mesmo havendo muitos chineses. Mesmo não sendo para o outro lado da Terra, mas para qualquer local, mesmo a menos de um metro de onde se encontre.

Mas um cientista teria de reconhecer essa possibilidade: é reconhecida pelas leis da Física tal como as concebemos hoje. Mas tal não significaria que não se sentisse intrigado. Poderia atribuir tudo ao acaso, claro, como cientista até podemos dizer que teria essa obrigação. Mas o homem creio que teria de se questionar, sobre uma sequência tão bizarra e improvável de acontecimentos. Porque a parte fantástica não é apenas a flutuação quântica em si, é o momento em que aconteceu e os efeitos felizes que teve.

E o nosso Ming então? Até podia estar familiarizado com a Electrodinâmica Quântica, tal não significava que não fosse um grande parvalhão se atribuísse tudo ao acaso e a sua única decisão fosse passar a dormir com um pijama quentinho, porque nunca se sabe onde se acorda... é que ter ido parar ao Chile, ainda vá... mas logo no momento em que ia ser executado? Logo para casa do simpático Embaixador, que consegue limpar o seu nome? Logo para casa da bela Li, o amor da sua vida? Desculpem, se Ming não reconhecesse aí uma intervenção de Deus seria ainda mais estúpido do que quem vê intervenção divina num lançamento de dados, mesmo que seja um duplo seis! (ou três caveiras, duas vezes seguidas, para quem joga Blood Bowl[9]).

É claro que não deveremos esperar a sorte de Ming que, depois disto, tem a obrigação de saber que Deus o ama, e o quer vivo e feliz, apesar das suas orelhas grandes (as orelhas de Ming não são assim tão grandes, mas é um complexo de infância que ele tem). Normalmente Deus não precisará de usar probabilidades tão baixas para se fazer sentir. Mas, com alguma sorte, terão alguma altura na vida onde o possam sentir, e essa, garanto-vos, é a melhor sensação do Mundo.

A mim aconteceu-me. Foi apenas... uma sensação. Creio que senti o que tentarei descrever no capítulo seguinte. E foi um momento muito importante na minha vida. Mais não seja porque mudou completamente a minha reacção a outro momento da minha vida que se seguiu, uns dez dias depois. Acreditem, se não fosse esse primeiro momento, essa sensação, os resultados do segundo teriam sido muito diferentes, e muito mais tristes. Peço desculpa aos meus leitores (se os houver) por não expor melhor estes momentos, mas são privados, não me sinto à vontade para os descrever mais em pormenor, pelo menos aqui.

De qualquer modo, a parte importante é que não sinto

mérito por ter tido essa sensação, e só tenho a agradecer ter acontecido justamente quando ia necessitar mais. Não precisei de ir parar ao Chile. O que senti bastou-me.

Se tive algum mérito foi apenas ter uma ideia razoável de Deus (que, claro, melhorou desde aí), e não estar fechado à possibilidade da sua existência. Por isso considero tão importante um bom conceito de Deus, para que o possam sentir se Ele vos conceder essa possibilidade.

Creio que finalmente compreendi o que a minha Mãe queria dizer com "pode-se rezar para pedir Fé". Não significa repetir palavras e esperar que nos transformemos por magia ou por milagre, como eu imaginava naquele tempo. Significa interessar-se, ter uma boa ideia de Deus e, acima de tudo, não fecharmos nem o nosso coração nem a nossa inteligência à sua existência.

Mas mesmo que essa oportunidade nunca aconteça, mesmo que uma pessoa nunca passe por uma situação em que possa sentir Deus, vale a pena ter um bom conceito de Deus. Como seres pensantes. Como pessoas.

E é preciso recordarmo-nos: até podemos já ter passado por uma situação em que teríamos sentido Deus, se estivéssemos abertos a essa possibilidade. Mais vale estar minimamente atento e preparado, para não perder a próxima oportunidade.

II. AMOR

SOBRE OS DIVERSOS TIPOS DE AMOR

Amor de mãe, amor... entre duas pessoas (agora fica melhor dizer assim), amor ao próximo. Creio que isto resume bastante bem os diversos tipos de amor de que as pessoas falam. Claro que muitas pessoas usam a palavra amor para outros sentidos, como querer, desejar, gostar... mas, na maior parte dos casos, tentam referir-se ao amor entre os membros de um casal. Outras vezes, podem falar de algo que gostem muito, como praticar um desporto, música, ou qualquer outra actividade ou arte que apreciem extremamente, que os faça sentir realizados, plenos, ou mesmo a respeito de uma comida que realmente apreciem! O que não ajuda a desfazer a confusão à volta desta palavra.

Mas sabem o que me faz mesmo confusão? Se perguntarem às pessoas o que é mais importante na vida vão ouvir muitas vezes a palavra amor, quase sempre acompanhada de saúde, felicidade... e às vezes dinheiro, ou mesmo poder. Não é estranho as pessoas pensarem tão pouco em algo que consideram tão importante?

As pessoas pensam pouco no que é importante; normalmente andam ocupadas com o acessório, com as tarefas diárias, com o rebuliço da vida moderna. Pelo menos, é o que dizemos.

A verdade nua e crua é que as pessoas pensam pouco. Mas nós podemos e devemos pensar. Especialmente em algo que consideramos tão importante para as nossas vidas.

Porque é que se divide o amor em diversos tipos? Porque vemos diferenças. O amor ao próximo é desinteressado, o amor conjugal pode ser possessivo, tal como o amor de mãe, mas aqui depreende-se que seja possessivo para o bem da pessoa amada: o filho (ou filha, claro). Normalmente considera-se o amor de mãe como o mais puro, o que me irrita bastante. E não é por não se chamar amor de pai. É porque se encaixa perfeitamente numa definição que me lembro de ler no livro *Um Estranho Numa Terra Estranha*[10]: amor é a condição na qual a felicidade da pessoa amada é condição fundamental para a nossa própria felicidade.

Esta definição parece-me perfeita para o que chamamos amor de mãe. Uma mãe não pode estar em verdadeira paz se os seus filhos não estiverem bem. Uma mãe estilizada, que gostamos de dizer comum, porque, claro, existem muitas mães que não ligam nenhuma ao bem-estar dos filhos: são aquelas que dizemos "de mãe não tem nada!", mãe, ou pai, claro.

Já para o amor ao próximo não parece encaixar tão bem. Claro que se temos amor ao próximo temos vontade que todos estejam bem. Somos pessoas de boa vontade! Mas o amor ao próximo, o amor ao seu semelhante, deve ser estendido a todos, no nosso caso a toda a Humanidade, pelo menos! E sabemos que será impossível estarem todos bem. Há fomes, calamidades naturais, doenças, desemprego, guerras e lutas fratricidas entre seres humanos. E, pela minha experiência, pelo que vejo, as pessoas que têm amor ao próximo são mais felizes do que as que não têm. O que, por esta definição, não seriam, pois há sempre pessoas que estão mal, o que as devia impedir de estar bem. Por isso, podemos partir do princípio que aquela definição de amor não é boa, ou dizer apenas que não encaixa no amor ao próximo e que é por essas e por outras que falamos em vários tipos de amor.

Passemos então ao amor conjugal. Esta definição aplica-se? Creio que quem já esteve apaixonado pode dizer, se for sincero, que não se preocupava por aí além com o bem-estar da pessoa "amada". Que essa pessoa esteja bem é óptimo, mas tem é de estar bem ao nosso lado. Neste tipo de amor queremos a outra pessoa, não o seu bem-estar. O seu mal-estar pode (e deve!) incomodar-nos, claro. Mas, se formos sinceros, reconhecemos que isso não é o que realmente nos importa. Quando reconhecemos que o bem-estar da pessoa amada é mais importante que o nosso desejo de a ter, este amor transforma-se em amor ao próximo, ou amizade. E o bem-estar dessa pessoa interessa-nos na medida em que o possamos modificar.

O que nos leva de volta ao amor de mãe, o tal para o qual esta definição encaixa tão bem. A maioria das pessoas dir-vos-á que é o amor mais sublime que se conhece. Falará de mães que se sacrificam pelos filhos, quer entre humanos quer entre outros animais. Mas analisemos melhor o que isto quer dizer.

Se para eu estar bem for preciso que alguém esteja bem, passam-se várias coisas engraçadas. Para começar acabam os sacrifícios por outra pessoa: se preciso de o fazer para eu estar bem não posso dizer que o faço por outra pessoa, pois não? Faço-o para eu ficar bem, a outra pessoa, a pessoa amada, ficar bem, é apenas um efeito colateral. As mães deste mundo que me perdoem, mas se precisam que os filhos estejam bem para as próprias ficarem bem, esses sacrifícios não os fazem pelos filhos, fazem-nos para ficarem bem. Isto não retira valor às vossas escolhas, note-se! Apenas explicita que foram escolhas vossas e que as fizeram porque assim quiseram, por vós próprias. Acima de tudo, e esta é a parte que não vão mesmo gostar, retira-vos o "direito" de tentar cobrar esses "sacrifícios" aos vossos filhos. O que também não significa que os filhos não devam sentir gratidão!

Depois há aquelas pessoas que nunca estão bem. Para mim é um mistério, mas já vi pessoas que só estão bem quando estão mal, quando estão em sarilhos ou deprimidas. E se amar-mos uma pessoa assim? Temos o direito de a "obrigar" a estar bem, para nos sentirmos melhor? Podemos culpá-la da nossa in-felicidade? Finalmente, dizer que alguém precisa de estar bem para eu ser feliz parece-me é uma grande irresponsabilidade. A minha felicidade é importante demais para ficar nas mãos de outra pessoa (mas voltaremos a isto, num próximo capítulo). E passar essa responsabilidade para a pessoa amada é também passar-lhe o ónus: se não estiveres bem, estás também a fazer-me mal a mim. De amor passamos a chantagem emocional em menos de nada! E chantagem que não pede coisas, nem dinheiro, pede "estar bem". E o que é "estar bem"?

E isto leva-nos à pior distorção do chamado amor de mãe. O que é realmente estar bem? Significa que eu, porque amo al-guém, tenho o direito, ou o dever, de fazer o que achar melhor para essa pessoa? De, no caso de uma mãe (ou pai), tentar diri-gir a vida de um filho de modo a que fique o melhor possível? É que eu, muitas vezes, não sei o que é melhor para mim, quanto mais para os outros! Uma pessoa, para ser feliz, tem de ter o di-reito de aprender com os erros. Claro que um pai deve evitar que um filho cometa muitos erros, especialmente grandes, mas não pode, nem sequer deve tentar, impedi-lo de cometer alguns. Por exemplo, se um filho meu quiser ser cabeleireiro e não souber sequer segurar numa tesoura creio que, como pai, tenho o dever de lhe tentar retirar essa ideia da cabeça. Tal como a minha mãe me teria tirado da cabeça a ideia de seguir uma carreira ligada à música. Mas se um filho meu souber não só segurar numa te-soura como cortar o cabelo, se tiver gosto e se sentir realizado a cortar cabelos devo tentar impedi-lo, por achar que "ficava me-lhor" como cirurgião?

Não são perguntas assim tão fáceis. E levam-nos ao lado mais negro do amor de mãe. Muitas vezes, o que preocupa uma mãe não é o bem-estar ou felicidade de um filho, mas apenas evitar a sua própria dor de um modo terrivelmente egoísta. Por muitas mães deste mundo os seus filhos passariam a vida fechados em quartos almofadados, tendo como única ocupação comer e crescer, sem que nada de mal lhes pudesse acontecer. Posso até admitir que algumas dessas mães tenham razão... como seria o mundo se Klara Pölzl[11] tivesse implementado essa ideia?

Não se deixem enganar pela imagem extrema, este sentimento egoísta é mais comum do que se pensa, e não apenas em pais. Ouvi, por exemplo, a história de uma funcionária da União Europeia que comentou que os porcos dinamarqueses, que vivem permanentemente fechados[12], têm mais qualidade de vida que os porcos pretos alentejanos, que passeiam pelo campo; pois não correm o risco de se magoarem.

Este desejo de que nada aconteça, a qualquer pessoa, mas especialmente a um filho (ou filha, claro!) é natural, faz parte do nosso instinto, é essencial à continuação da nossa espécie. O perigo é quando deixamos que este nosso desejo se sobreponha ao bem-estar da pessoa (ou animal) amado. Quando se trata de nós, sabemos bem que preferimos a possibilidade de nos magoarmos à tristeza de nunca tentarmos, ou à prisão. Creio que poucos de nós nunca fizeram nada perigoso. E mais: gostámos! E talvez tenha até ajudado a sermos quem somos. Negar isso a quem se ama não é amor, é egoísmo.

Sabem porque é que na minha opinião não se chega a lado nenhum com estas definições de diversos tipos de amor? Porque creio que amor é amor, só um. Quando dividimos em "tipos de amor" estamos na realidade a dizer que o amor pode ser diminuído, que somos humanos e aceitamos que não o conseguimos completo, e, assim, tentamos definir não o amor, mas as condicionantes que o reduzem.

Acredito que a melhor definição de amor foi já escrita há séculos:

O Amor é benigno,

Nada espera,

Tudo aceita.[13]

E aqui entramos na parte das palavras simples que não fazem sentido nenhum. Podemos até perceber que *deve* ser assim, só não entendemos como. Tentar clarificar isto pode ser uma missão impossível, mas não me perdoaria se não tentasse. Espero que me perdoem por tentar.

O AMOR É BENIGNO

Que significa o amor ser benigno? Significa que tudo o que tenha qualquer coisa de mal, de errado, não é amor.

Significa que todos aqueles casos em que alguém faz algo terrível e diz que o fez por amor, está a mentir. Significa que os crimes passionais não são crimes de amor. Muitas vezes é óbvio que certas atitudes não são fruto de amor, como matar o cônjuge ou filhos, mas estranhamente existem outras situações em que temos dúvidas.

Tudo o que nos faça sentir mal, não é amor. Quando nos dói, não é amor. Claro que sentimos ciúmes, até posso dizer que é um sentimento natural e, dentro de certos limites, compreensível. Mas, sem dúvida que não é amor, porque não é benigno, faz-nos sofrer. E nunca sofremos por amor, porque esse é benigno.

O que nos faz confusão é que sentimos amor, mas misturado, toldado, com outros sentimentos que nada têm a ver com ele. Como estar apaixonado por exemplo. Quando estamos apaixonados queremos estar com essa pessoa. Queremos mesmo tê-la, que essa pessoa esteja só connosco. Que pelo menos não simpatize demais com outras pessoas... e se essa pessoa estiver com alguém de um modo que não nos agrade, sofremos, dói-nos. Nem essa dor, nem esse querer, nem essa posse são fruto do amor. Não são benignos, causam dor e sofrimento.

Como se vê não é fácil explicar o que é, mas consegue-se ir dizendo o que não é. Mesmo quando afirmamos que o Amor é benigno, estamos, na prática, a dizer o que não é: não é nada que cause dor ou sofrimento. Mas, diga-se de passagem, isto já é bastante. Chegar à conclusão que o amor não é nada que cause dor ou sofrimento já nos pode ajudar muito.

Creio que já todos passámos por situações do género: Porquê? Eu gosto tanto dela (ou dele), amo-a (amo-o), porque é que me faz/fez isto?

Mais tarde, talvez nos riamos destas situações. Talvez até fiquemos contentes por terem acontecido, muitas vezes com alguma maldade: já viste como ela está? Se não tivesse sido aquilo há quatro anos teria casado com ela... do que eu me livrei!!

No fundo não nos custa porque nos apercebemos que afinal não queríamos. Normalmente dizemos "afinal não a amava". Mas na realidade apenas não queríamos, porque a parte que nos causa dor não é amor, é querer, ou orgulho.

Mas, apesar disso tudo, a verdade é que na altura em que acontecem estas situações costumam ser muito dolorosas. E o único conselho que posso dar é lembrarmo-nos que o que nos causa dor não é amor. Não interessa o que queremos. Não interessa o que desejamos. Não interessa sequer o nosso orgulho. Se tirarmos isto tudo, se nos conseguirmos despir disto, que sobra?

Sobra o amor, claro. Sobra aquela parte que diz que aquela pessoa, apesar do que "nos fez", pode e deve ser feliz. Pode ser pouco. Pode ser quase nada e apenas desejarmos distância, independentemente do que lhe possa suceder. Mas, acima de tudo, sobra aquilo que não nos magoa. Como amo os meus filhos de modo egoísta não me agrada que sofram. Por isso recordo-lhes que em alguns casos este é o único caminho.

Claro que não é fácil. Não é fácil esquecermos o que queremos (e muitas vezes queremos de modo ardente). Não é fácil esquecer o orgulho. Aliás creio que raramente conseguimos. Mas se tentarmos, já nos sentiremos melhor.

E, acreditem, o objectivo é sentirmo-nos melhor. O conceito de sacrifício enerva-me um bocado. Irrita-me ouvir falar da vida dos santos católicos como vidas de sacrifício. Não são. Estas coisas que digo para largarem para se concentrarem no amor, não são vocês. Não são coisas preciosas e indispensáveis. São coisas que apenas parecem indispensáveis. Na realidade são correntes que impedem a vossa liberdade.

Talvez só o tenha conseguido completamente uma vez na vida. No final de Outubro de 2003, que foi o melhor da minha vida. Digo-o sabendo que antes tive cinco acontecimentos tão especiais: o nascimento de cada um dos meus filhos. Aliás, tenho tido momentos felizes desde desse dia, muitos até. O que não é de estranhar, tendo em conta os filhos que tenho! Mesmo aquele primeiro abraço da Sofia, tão especial... foi-o, pelo menos em parte, porque me levou de volta àquele momento, em que compreendi que o amor é benigno. Esse abraço foi um momento de redenção. Não tanto por mal que tenha feito, mas pelo consolo que senti. Como se pela primeira vez em muitos anos me sentisse tratado como pessoa; como se alguém me visse pela primeira vez... desde há anos[14]. De facto, aquele momento em que compreendi aquelas palavras tão simples, tem-se não só mantido um farol na minha vida como me permite apreciar os bons momentos de um modo novo e mais profundo.

Desde daí tenho tentado, é tudo. Tento manter viva essa recordação, essa compreensão. O que nem sempre é fácil, mas tentar já é muito melhor que não tentar.

O amor é o mais importante da vossa vida, nunca duvidem disso. Podem ter sensações maravilhosas, e espero que tenham. Seja descer uma pista de ski de modo perfeito, seja conhecer uma miúda maravilhosa, seja o orgulho de um trabalho bem feito, seja algo tão simples como a nossa equipa preferida ganhar um jogo... mas nenhuma delas se compara com a sensação de sentir nem que seja 'um pouco' de amor.

E basta tentarem por duas razões. A primeira é que com o treino talvez se melhore; embora neste particular possa não ser garantido: não noto grandes melhorias em mim. A segunda é que talvez um dia, como que por acaso, aconteça, como me aconteceu. E mesmo que só aconteça uma vez compensa todas as tentativas anteriores. E futuras!

NADA ESPERA

Todos esperamos qualquer coisa das outras pessoas. É um facto. Esperamos que o padeiro faça o pão, e minimamente bem feito, que os nossos filhos estudem alguma coisa de jeito, que o nosso cônjuge ou namorada/o não nos faça passar por situações tristes. Também contamos que o banco não nos roube o nosso dinheiro durante a noite[15].

Viver sem esperar, sem tomar certas coisas por certas, é impossível. O que não significa que não seja um óptimo exercício. Por exemplo gostava que todos os meus leitores contassem estar vivos amanhã, era sinal de que estão de boa saúde. Mas creio que, por vezes, todos pensamos: e se morrer hoje? Se não o fazem, deviam. De vez em quando, pelo menos. Põe a vida em perspectiva. É um exercício entusiasmante, sair um dia de casa sem esperar nada, sem esperar que o carro funcione ou que o autocarro passe na paragem. Sair de casa apenas aceitando o que o Mundo for. Sem expectativas.

Mas temos de admitir: é apenas um exercício, por melhor que seja. É praticamente impossível viver a vida toda sem qualquer expectativa, para o fazer teríamos de estar dispostos a aceitar tudo: que não tenhamos pão na padaria, que alguém nos trate mal sem motivo, que encontremos neve no Sahara. E, sabem, um dia vai acontecer. Por mais improvável que seja, ou pareça, dando tempo suficiente, quase tudo acaba por acontecer. É um dado estatístico.

Facilmente se percebe que nada esperar está intimamente ligado a tudo aceitar, o sentido, no fundo, é o mesmo. Se não esperarmos mesmo nada então aceitaremos tudo.

Quando nada esperamos não colocamos qualquer ónus na parte da pessoa amada, pois não esperamos qualquer retribuição. Voltando às mães, se nada esperam, não esperam que os filhos retribuam os sacrifícios que fizeram por eles. Dar só é dar quando não se espera retribuição, se esperamos retribuição não é dar, é um negócio.

Assim, se o amor nada espera, é porque não espera ser retribuído. A expressão amor não correspondido deixa de fazer qualquer sentido. Podemos falar de paixão não correspondida, mas não podemos dizer o mesmo do amor. É também, por isso, que não faz sentido perguntar porque Deus não faz milagres para provar a sua existência: Deus ama-nos, não necessita de retribuição, muito menos de adoração. Nós é que sim, nós é que poderemos ser melhores, mais felizes, se adorarmos Deus.

Nada esperar é uma atitude que parte de dentro e pode ser aplicada em muitos contextos, não apenas no amor. Não é uma atitude fácil, pelo menos permanecer nela. Posso escrever um livro sem esperar louvores, mas é-me complicado escrever um livro se não tiver esperança que seja lido. Sim, porque é disso que se trata, não esperar os mínimos. Ir ao café sem sequer esperar beber um café, quanto mais que seja bom. Entregar um trabalho e nem contar que seja apreciado. Dar esmola sem esperar um obrigado.

Uma grande vantagem de não se esperar é que só se faz o que realmente se quer. Eu *quero* escrever este livro. Gostava muito que o lessem, que alguém o entendesse e assim pudesse pensar que ajudei alguém. Não faria mal se fosse um sucesso editorial. Mas o que eu realmente *quero* é escrever, tanto para deixar a possibilidade aos meus filhos de o lerem, se um dia quiserem; como apenas por escrever, porque gosto, porque me ajuda. De resto, tento não esperar nada, tudo o que vier é um bónus, recebido com a alegria de um presente inesperado.

No fundo é esse o sentido: quando nada se espera tudo é recebido com alegria. Tudo tem o sabor de uma boa surpresa inesperada. Se num dia de calor entram num café convencidos que haverá água fresca, porque é óbvio que um estabelecimento deve ter água fresca, quanto muito beberão água fresca. E sofrerão, se por acaso o café não tiver água fresca, porque era *obrigação* do café ter água fresca... Contudo, se entrarem sem expectativa de encontrar água fresca – porque está tanto calor que já as devem ter vendido todas, e encontrarem água fresca, esta sabe ainda melhor.

Diz-se, à laia de piada, que é bom manter as expectativas baixas para evitar desilusões. Em parte, o sentido de nada espera é também esse, como vimos. Só que não são expectativas baixas, é apenas sem expectativas. O que é um pouco diferente. Diferente em dois sentidos.

O primeiro é que mesmo expectativas baixas podem causar desilusões, por mais triste que tal pareça. O segundo é que não é pessimista, esta é a diferença mais importante. Quando dizemos que temos expectativas baixas, ou que não temos grandes expectativas, sobre alguém, estamos a reduzir essa pessoa. Estamos a dizer que não nos inspira confiança. Que não esperamos muito dela. Já quando dizemos apenas que não temos expectativas deixamos tudo em aberto. Permitimos que essa pessoa nos surpreenda por ser quem é. Não lhe colocamos uma fasquia. No fundo dizemos que a aceitamos como é, como for. Que a aceitamos, e a tentamos ver, tal como é.

TUDO ACEITA

Então, se já vimos que aceitar é condição essencial para nada se esperar, se já vimos como estão ligados... não poderíamos saltar este tema e passar adiante?

Não, por duas razões... a primeira é que o amor, quer acreditem em Deus quer não, é o mais importante. Portanto não creio que se possa insistir demais neste ponto. A segunda é que vamos tentar alargar o conceito e espreitar o outro lado da moeda: vamos pensar no que não devemos aceitar, ou quando; o que será muito importante nos capítulos seguintes.

Há um aspecto, quando falamos em aceitar atitudes e actos de outras pessoas, que não podemos ignorar: as intenções que levaram alguém a tomar essas atitudes. E algo que teremos de aceitar: nunca (ou enquanto formos vivos) as saberemos. Podemos deduzir, podemos ouvir as pessoas explicar as suas razões, mas saber, realmente saber, é impossível. Aqui retornamos à atitude científica: visto não haver provas, não há conclusões definitivas.

É claro que é possível ficar com uma ideia, elaborar teorias. Mas se nem sequer sobre nós próprios podemos ter a certeza absoluta, quanto mais sobre os outros! Creio que será este o sentido da frase: não julgareis – não podemos julgar os motivos, porque não os conhecemos. As acções, podemos. Podemos admitir que há acções (como matar, roubar, mentir e maldizer, entre outras) que são más em si mesmas, independente dos motivos. Se fosse possível viajar no tempo e alguém voltasse a 1916 para matar Adolfo Hitler, com o objectivo de impedir a Segunda Guerra e o Holocausto, teria cometido uma má acção. Pode justificar, que milhões de vidas valem mais que apenas uma, claro. E creio que não o condenaríamos por essa decisão... mas tal não tornaria a acção boa, apenas justificável. E isso não serão todas? Todas as más acções, tal como todos os erros, têm óptimos motivos por trás. Pelo menos segundo quem as praticou!

Em última análise podemos dizer que não conhecemos as consequências de tal acção: teria impedido a Segunda Guerra? Ou teria apenas impedido Hitler, abrindo caminho a um líder talvez menos carismático, mas também mais inteligente, que teria ganho a Segunda Guerra, ou pelo menos torná-la mais longa e mortífera e talvez prosseguido com o Holocausto à mesma? E de forma mais eficiente? É também por não conhecermos todos os efeitos das nossas acções que nos devemos regular por este princípio de haver acções boas e más em si mesmas. De outro modo corremos o risco de dizer que tanto faz o que fazemos, visto nunca podermos ter a certeza dos resultados.

Mas o facto de não podermos calcular todas as ramificações, todos os resultados possíveis das nossas acções não nos iliba de pensar nas suas consequências. Devemos pensar, pelo menos, nas mais óbvias e directas, claro. Porque as nossas acções têm consequências, e somos também responsáveis por elas. Porque uma pessoa sente-se responsável mesmo quando não previu as consequências, mesmo quando as consequências não eram previsíveis. O que não significa que em caso de acidente sejamos mesmo responsáveis. Ser e sentir são coisas diferentes.

Somos responsáveis pelas consequências dentro de certos limites: somos responsáveis pelas nossas acções, não pelas interpretações que outras pessoas façam. O que também não significa que devamos provocar essas interpretações: se as nossas acções levam sempre a interpretações dúbias acreditem que há algo de errado nas nossas acções... mesmo que estejamos rodeados de más línguas. Quer dizer, dentro de certos limites. Haverá sempre quem consiga ver maldade em tudo o que fizermos, afinal de contas Nosso Senhor foi julgado e condenado por uma turba enfurecida, que provavelmente pensava estar a fazer "o correcto", a "exigir justiça".

Era mais fácil se fossem familiarizados com a *Teoria Geral da Estupidez Humana*, de Carlo M. Cipola[16]... mas aqui o que interessa é que ele divide as nossas acções num gráfico cartesiano, em que cada quadrante (conforme o efeito da acção sobre quem a pratica e sobre quem a sofre) corresponde a um tipo:

Inteligente: se ambos beneficiam da acção.

Ladrão: se quem pratica a acção lucra à custa de quem a sofre.

Ingénuo: se é prejudicado quem pratica a acção, para benefício dos que a sofrem.

Estúpido: se ambos são prejudicados pela acção.

E é por isso que os estúpidos são mais nefastos para a sociedade do que os ladrões. Mas convém ler mesmo, porque é um texto delicioso que encerra muita sabedoria.

Mas aqui o que nos interessa é que já todos tomámos atitudes estúpidas. Portanto não nos devemos ver como um ponto nesse gráfico, mas mais como uma zona, ou melhor ainda, uma nebulosa, talvez tenhamos de utilizar a equação de Schoreder para nos definirmos nesse gráfico.

O que pretendo salientar é o pouco valor de uma atitude isolada, ou seja, não creio que haja uma maneira de realmente nos impedir de julgar, de avaliar as outras pessoas, mas pelo menos que não tomemos por base uma atitude isolada. Agora, se as atitudes formam um padrão, não há maneira de evitar o cérebro humano de o encontrar. Quer dizer... haver há. Muitas mulheres (e homens) sujeitam-se a maus tratos anos a fio. Descobri, entretanto, não por não verem o padrão, mas por verem dois, mas voltaremos a este tema[17]. Muitos de nós temos amigos que... abusam de nós e da nossa paciência. Só é mau quando não o vemos, se o vemos e aceitamos é uma decisão nossa. Aceitar significa não deixar que preconceitos, expectativas, nos impeçam de ver as pessoas tal como elas são, mesmo que nos doa.

No fundo o amor, além de tudo, deve-nos levar a ver o Mundo mais como é. E esse "além de tudo"... é o quê?

SOBRE A UTILIDADE DO AMOR

O "além de tudo" é o modo como nos faz sentir, claro. Porque é, sem dúvida, o melhor sentimento que podemos ter, sentir. Por si só (como vimos) afasta muita dor: tudo o que causa dor, transtorno, sofrimento, não é amor. Basta tentar focarmo-nos no amor que grande parte das dores se afastam. Que podemos ver como são egoístas e mesquinhas essas coisas, que nos pareciam tão importantes, mas que no fundo só nos atrapalham.

Não exige retribuição ou correspondência. Assim, afastamos a tragédia do "amor não correspondido". Ficamos mais estoicos e mais independentes. A nossa vida menos dependente dos caprichos dos corações alheios. Ao aceitarmos esta verdade (que o amor não exige correspondência) não perdemos nada, apenas vemos o Mundo tal como é, aceitando as nossas inclinações e as dos outros. Ao largarmos as nossas raivas, desilusões e sentimentos de posse descobrimos que nada disso fazia parte de nós. Era apenas lastro.

Obriga-nos a ver para além das cortinas de fumo – sejam lançadas por outros ou por nós próprios. Porque deixamos de aceitar imagens simplistas sobre nós ou os outros. Torna-nos mais objectivos. Vemos melhor o Mundo e, especialmente, as pessoas que nos rodeiam. Deixamos de ver pessoas más... embora por vezes se vejam pessoas que fazem más acções... mas, pelo menos, tentamos compreender a diferença: pois o amor, especialmente para um cristão, deve-se estender a todos... mas também é verdade que por vezes dou por mim a pensar: porque criou Deus aquela pessoa? Porque há pessoas muito complicadas, difíceis mesmo, de se amar.

Mas trata-se também de aceitar as nossas falhas e não sermos presunçosos: admito que não tenho a capacidade de amar todas as pessoas, nem sequer uma como realmente merecia. Não sou perfeito. Serei quando morrer: perfeito vem do latim, em que significava já feito, já terminado... mas por enquanto estou em construção e tenho falhas. Muitas!

Mas, acima de tudo, faz-nos sentir realmente bem. Mais centrados, mais vivos e mais felizes. Mais realistas em relação aos outros, menos atormentados pelas vicissitudes da vida e mais contentes com as pequenas coisas simples... E claro que isso é o mais importante: ser feliz – que é muito diferente de andarmos contentes. Convém não esquecer.

Porque não amamos para sermos bonzinhos e assim, talvez, ir para o Céu, ou sermos recompensados, de qualquer maneira, depois. Não! Devemos amar para sermos felizes *agora*. Eu rezo (muito menos do que deveria) *Venha a nós o Vosso Reino*. Venha, tempo presente. A questão nem é se acreditamos ou não em Deus... é sermos felizes agora. É poder viver como se já estivéssemos nesse Reino. Viver com desprendimento.

Quando pensamos que se tem de morrer para se viver, pensamos quase sempre em evolução. Um pouco a lagarta que "morre" para "nascer" a borboleta. Mas há também o sentido de se poder viver como se já estivéssemos mortos. É uma sensação extremamente libertadora. Só depois de "mortos" temos a liberdade de fazer o que quisermos, sem restrições, sem preocupações com o futuro. Não. Não digo para se viver sempre assim... isso talvez fosse imprudente! Mas... por vezes teremos de (ou devíamos) agir assim; ou pelo menos sentirmo-nos assim. E de preferência que seja por amor. Porque o amor, de facto, leva-nos a encontrar uma atitude mais filosófica e desprendida diante da vida.

Sabem, entretanto, fui aprendendo que sermos "bonzinhos" não basta. Vou percebendo porque é que Jesus disse "Porque me chamas bom? Não sabes que bom somente é o Pai?", como quem explica que está para além da nossa capacidade, sermos realmente bons. Talvez seja um pensamento estranho. Especialmente porque ao longo da vida vamos conhecendo pessoas boas, talvez não tantas como gostaríamos, nem aquelas que gostaríamos, mas algumas. Pessoalmente nem me posso queixar. Acho que sempre que precisei, sempre que me senti mais descrente na humanidade; vi alguém tomar uma atitude que me devolveu a esperança. Às vezes, basta ver um estranho a praticar uma boa acção.

Mas... ter boas atitudes não basta para se ser bom. Nem sequer é questão de nunca se falhar... temo que "ser bom" esteja de facto para além da minha capacidade até de o explicar. Podemos ser bonzinhos e mantermos os nossos desejos, as nossas vaidades, as nossas pequenas coisas. Muitas vezes, ser bonzinho pode incluir uma pequena mentira, uma condescendência, deixarmo-nos ir na maré... ser bom não.

Podemos pensar que devia ser fácil. No fundo, não sentimos que nascemos (a grande maioria de nós, pelo menos) com o sentimento do que está certo e errado? Com um sentimento do que é justo ou injusto? Quem tem crianças... ou mesmo quem se lembra de o ser, sabe como as crianças se queixam (muito) de algo ser injusto! Ser bom devia ser fácil. Devia ser apenas seguir esses sentimentos inatos... devia? Não creio que devesse... e seguramente não é.

Quando Jesus diz que Bom é apenas o Pai, que está no Céu, penso que está também a dar-nos um conselho: não se preocupem demais com isso, não se preocupem com aquilo que mal podem ver no horizonte do vosso entendimento, tratem do que está mesmo à frente do vosso nariz, o melhor que puderem. E tal chegará.

Porque, muitas vezes, preocupamo-nos em atingir uma perfeição impossível. Queremos tudo, ou nada. Para se ser realmente Bom seria preciso nunca termos falhado; e já todos falhámos. Mas não nos preocupemos em sermos bons. Tratemos do que está à nossa frente, com amor, e isso será mais que suficiente. Para sermos felizes.

É para isso que serve o Amor, para vermos melhor o que nos rodeia, sem preconceitos, a nós próprios e guiar-nos nas nossas escolhas, mesmo com falhas. Faz-nos ver melhor o caminho que nos rodeia, e guia-nos na direcção que devemos tomar.

Não é um sentimento, é uma escolha de vida racional.

III. EU

A PESSOA MAIS IMPORTANTE DO MUNDO

E nunca, mas nunca, pensem ou deixem alguém dizer-vos o contrário!!... bem, dizer podem dizer à vontade – é complicado de impedir as pessoas de dizerem disparates – mas nunca aceitem, nunca oiçam. Mas de facto, tendo em conta que o Mundo é o que vos rodeia, cada um é de facto a pessoa mais importante do Mundo, sem a qual não existiria esse Mundo. Ou, se preferirem, nunca vão ver nada sem ser pelo vosso prisma. Claro que nos podemos (e devemos) pôr no lugar de outro, podemos tentar ver as coisas pelo seu prisma, podemos ler um romance e entrar noutro mundo e noutro ponto de vista... podemos e devemos! Mas, no fim do dia, é sempre o nosso Mundo, a nossa ideia do que deve ser estar no lugar do outro, a nossa interpretação do que lemos... Não há como fugirmos de nós próprios.

Isso significa que devemos sentir-nos bem connosco próprios, afinal de contas é a companhia mais constante na nossa vida! É claro que cada um é que sabe o que realmente significa ser boa companhia... mas aconselho-os a serem interessantes! E interessados. O Universo é realmente um local muito interessante... e as pessoas extremamente engraçadas! Mas lembrem-se que há uma forte ligação entre conhecer e gostar; se olharem para o Universo e as pessoas de modo ligeiro, leve, sem querer saber, não os vão apreciar devidamente. Tornam-se ocos, fúteis e desinteressantes. E lembrem-se: é uma companhia que vão mesmo aturar para o resto da vida.

Também ajuda aprender a apreciar os pequenos prazeres da vida. Podem parecer insignificantes, especialmente quando se está a fazer algo fantástico, ou a preparar-se para o fazer... mas a vida tem isto: se se estiver sempre a fazer coisas fantásticas, deixam de o ser. Passam a ser rotina ou uma fuga, pelo menos será essa a sensação que dá. Porque se alguém tem dificuldade (e, hoje, parece que temos todos um pouco) em estar quieto, sem distracções, sem televisão, sem estar a fazer nada... é porque tem alguma dificuldade em estar consigo próprio. E como vão estar sempre convosco, é melhor que estejam bem.

Jesus disse: assim como pensares, assim será. É uma grande frase. E estreitamente ligada a esta questão de sermos a pessoa mais importante do Mundo. Não significa que aquilo que desejarmos na nossa mente se torna realidade, felizmente!! Significa que assim como virmos o Mundo, e especialmente as pessoas, assim será, para nós.

Já vimos que nem sempre podemos estar seguros sequer dos nossos motivos, quanto mais dos das outras pessoas! Por isso é que é tão fácil pensar mal dos outros: na dúvida, podemos sempre escolher os piores motivos para qualquer acção: só deu a esmola para ficar bem visto... ou porque estava farto de carregar moedas!

Há algumas pessoas que tornam isto mais complicado: à medida que as boas acções se acumulam torna-se mais difícil arranjar um mau motivo para todas. Mas também não é preciso: há sempre qualquer coisa. Afinal de contas são pessoas. Há sempre uma atitude cuja "única explicação possível é ser a pior pessoa do Universo!". Há sempre maneira de dizer: sim, mas...

E aqui voltamos à utilidade do amor – eu sei, este livro tem partes que podem parecer um prato de esparguete, com caminhos que se entrelaçam, dão a volta e vão ter ao mesmo sítio... é fácil ver o mal nos outros, mas isso causa-nos algum problema? Que transtorno nos causa? Faz com que vivamos num Mundo de pessoas más. E esse é um Mundo muito mais desagradável que um de pessoas boas, ou um Mundo simplesmente de pessoas. Não é? Repare-se que as pessoas serão sempre... pessoas. Não ficam melhores nem piores pelo que pensarmos delas – embora dizer-lhes já possa ter algum efeito! Mas, muito raramente, o pretendido. Nós é que viveremos num Mundo melhor ou pior. Num Mundo de pessoas que podemos (e devemos) tentar compreender e (talvez) apreciar ou rodeados de pessoas que nos querem mal. A escolha é nossa.

EGOÍSMO INTELIGENTE

O meu dogma. Uma pessoa inteligente escolhe as opções inteligentes – tal como definidas por Carlo M. Cipolla na Teoria Geral da Estupidez Humana. Ou seja, escolhe opções que tanto o beneficiam a ele como a quem o rodeia.

Reparem que isto nada tem a ver com a perspectiva de Rousseau, que acreditava que todos os homens racionais chegariam inevitavelmente à mesma conclusão... um erro crasso, como veremos adiante. Por agora basta saber que nem todos os homens (ou mulheres, claro!), por mais inteligentes que sejam, chegarão obrigatoriamente à mesma conclusão. Mais não seja porque, ao contrário do que gostamos de pensar, muitas opiniões que temos são emocionais e não racionais... assim, a primeira conclusão a que uma pessoa inteligente chega é que vão discordar dela. Mas também não é isso que está em causa, mas sim se uma pessoa inteligente toma boas decisões...

E porque é que as opções que beneficiam tanto os outros como a nós são assim tão melhores? Não vemos frequentemente pessoas a tomarem opções que as beneficiam muito mais, às custas dos outros? E não estou só a falar de políticos... e, pelos vistos, darem-se bem com isso? Este é de facto um problema complicado... e interessante. Que nos leva à Teoria dos Jogos

Evolucionária e ao âmago da Ética. E à distinção entre espertos e inteligentes.

Quanto à Teoria dos Jogos leva-nos à conclusão que tudo depende de certos factores: essencialmente o meio ambiente e o tempo. Se o ambiente é honesto as atitudes honestas compensam, se o ambiente é desonesto compensam as atitudes desonestas (em termos materiais). Se vamos lidar com aquela pessoa pouco tempo atitudes menos benevolentes podem compensar, se vamos lidar muito tempo atitudes inteligentes compensam a longo prazo.

E isto são recompensas em termos "materiais". Porque há o outro aspecto: como já vimos teremos de estar sempre connosco, portanto não será grande ideia fazer algo de que nos envergonhemos. Claro que faremos algumas coisas que nos envergonham, o que não acredito é que seja boa ideia fazer disso uma estratégia. Podemos ver como as coisas materiais são passageiras e, mesmo que isso faça confusão a quem passa por dificuldades, não têm assim tanta influência na felicidade de uma pessoa: houve um estudo em que decidiram investigar idiotas que ganharam a lotaria e pessoas bem dispostas que sofreram um acidente e ficaram paraplégicas, passados uns seis meses tínhamos idiotas que tinham ganho a lotaria (continuavam mal dispostos e muitas vezes já tinham perdido tudo) e paraplégicos bem dispostos e bem com a vida. Como se vê os factores internos, quem somos, e quem nos acompanha (a família próxima, os amigos e especialmente o casamento) são muito mais importantes para a própria felicidade que os externos, o que temos ou o que fazemos[18].

E voltando à Teoria dos Jogos... imaginemos um vendedor ambulante e uma loja física. O vendedor ambulante pode dar-se ao "luxo" de ser aldrabão: mesmo que numa povoação fique com má fama na próxima haverá outros para enganar... já uma loja física não tem essa possibilidade: se aldrabar demais os seus clientes estes deixam de lá ir. Um aldrabão ganhará mais em cada venda, o problema é que, em princípio, fará cada vez menos vendas. É claro que se for o único café da zona poderá esticar-se nos preços e no pior serviço: algumas pessoas continuarão a querer um café (ou isso) e continuarão a ir... aliás o problema do Governo (qualquer Governo) é ser sempre o único café do país... e o pior é que não vende café, que as pessoas ainda podiam deixar de tomar!

Mas creio que o vosso objectivo na vida não deve ser como tirar o máximo de proveito material no mínimo tempo possível – se for vão para políticos. O objectivo deve ser serem felizes. E, para isso, é muito melhor ser inteligente do que ser esperto. Muito melhor tomar decisões honestas do que viver a enganar os outros.

Gostaria de ter um castigo horrível para todos os burlões e políticos deste mundo. Gostaria de poder dizer: não sigam por aí, porque no fim serão uma cambada de infelizes, serão castigados.... mas... o mundo não é assim. Por outro lado, não acredito que sejam felizes, por mais contentes que andem! E por este andar temo que um dia os políticos percebam que "o voto é a arma do Povo" é publicidade deles próprios... o voto não é arma, muito menos a única a que um povo espoliado, sem justiça, sem direito de propriedade, sem respeito, pode deitar a mão.

Lembro-me de ter lido, num livro sábio (creio que O Manual do Escuteiro-Mirim), que haveria um provérbio ameríndio assim: Reza como se morresses amanhã, estuda como se nunca fosses morrer.

Neste provérbio uma pessoa inteligente saberá onde colocar cada faceta da sua vida. Reza, expressa o teu amor, dança (cantar não! por favor), escreve, como se morresses amanhã; estuda, investe e trata os outros como se nunca fosses morrer – cada negócio deve ser feito tendo em conta a possibilidade de se voltar a lidar, talvez numa situação diferente, com aquela pessoa.

Sabedoria é começar a saber o que devemos fazer como se morrêssemos amanhã e o que devemos fazer como se nunca fôssemos morrer.

Egoísmo, estar centrados em nós próprios poderá ser bom; se entendermos que precisamos dos outros, que somos mais felizes dando que recebendo. Que, mesmo como mamíferos, cuidar dos outros nos torna mais felizes. Sim, mesmo quando parece aborrecido e que só nos atrapalha.

LIBERDADE INTERIOR

té me faz impressão utilizar esta palavra, tão maltra-
tada que tem sido pelos políticos... Liberdade nada tem
a ver com poder-se fazer uma cruzinha num papel. Liberdade, em sentido nenhum, está limitada ao direito ao voto.
Muito menos a poder-se dizer "abaixo o fascismo", que parece
a única liberdade que conta em Portugal. Liberdade, sendo o
nome de um conceito, é uma palavra muito hipnótica. E, como a
maioria das pessoas não gosta de pensar, o próprio conceito fica
vazio, podendo a palavra ser utilizada para justificar os regimes
mais totalitários do planeta... porque muitas vezes aquilo que
nos é descrito como "Liberdade" é apenas a de alguns, à custa da
liberdade, e dignidade, dos outros.

Mas aqui vamos analisar a liberdade de um ponto de vista
mais íntimo. Jean-Jacques Rousseau gostava de dizer (e escrever)
que um homem, para ser totalmente livre, teria de poder fazer
qualquer coisa que quisesse... também gostava de parlamentos,
mas a ideia de um homem deixar de ser livre para se submeter
às decisões parlamentares fazia-lhe confusão... daí a pensar que
era melhor matar esse homem a deixar o desgraçado viver como
não-livre foi um pequeno salto – que continua a ser repetido...
mas voltaremos a esta questão, na V e ultima parte, quando fa-

larmos do Mundo (na Liberdade do Cidadão).

Por enquanto fiquemo-nos pela parte que o Rousseau podia ter acertado. O que significa o querer? Porque essa é a pergunta realmente interessante! E poder fazer? Quer dizer... um homem, ou uma mulher, pode querer desesperadamente respirar debaixo de água, contudo sem equipamento não o poderá fazer, por mais que o deseje. Como há muitas coisas que não podemos fazer... devemos esquecer as ideias de Rousseau? Sim, devemos! ...mas não é por isso. Vamos avançar e logo veremos como o querer se encaixa com o poder. Espero eu.

Há pouco distinguimos esperto de inteligente... agora penso que teremos que distinguir apetecer de querer... e de gostaria. Imaginem um obeso. Consciente desse facto e triste com isso – que se ele não se importar com isso, não é obeso, é um gordo bem-disposto. Imaginem-no a passar à frente de uma padaria com donuts acabados de fazer, quentinhos, com aquele cheiro a sair da loja – sabiam que Milton Erickson conseguia perceber se um homem estava com fome ou não, só de o ver passar em frente a uma padaria?

Agora a questão é: ele quer o donut? Vão-me responder que ele, vamos chamar-lhe o Gordo, quer comer o donut, mas sem engordar... embora seja garantido que donuts engordam, especialmente quando comidos em excesso. A única maneira de não engordarem é não serem comidos, ou serem seguidos de exercício físico suficiente. Agora, todos conhecemos o Gordo, portanto todos sabemos que vai comer meia dúzia de donuts- estavam quentinhos, era uma oportunidade única! – e vai correr no dia de São Nunca à tarde...

Como eu vejo as coisas o Gordo não queria nenhum donut, apenas lhe apeteceu um (ou mais) donut(s). Tal como depois não lhe apeteceu correr. O que o Gordo realmente gostava era de ficar bem em fato de banho, mas apetece-lhe um donut.

Ou seja: temos apetites que nos impedem de conseguir

o que queremos. Como fumar e ter boa saúde, comer desalmadamente e ser magros, roubar e ser considerado um cidadão exemplar... ah! Isso são os políticos!... mas, na melhor das hipóteses, conseguem parecer, o que é totalmente diferente de ser... e ultimamente nem isso. Ou podemos dizer ao contrário: ser bom aluno sem estudar, ser um tocador de violino exímio sem praticar (ou jogador de futebol, ou qualquer outra coisa que exija esforço e treino diário), realizar-se profissionalmente sem trabalhar... no fundo, todas aquelas coisas que gostaríamos, mas não queremos. E mostramos que não querermos ao não fazer o que é necessário à sua concretização. Por exemplo, eu posso afirmar que quero ser recordista da maratona (o que na minha idade seria de facto um milagre), mas, as minhas acções falam mais alto que as minhas palavras: digo que não quero ao não correr... e acho que o disse quase todos os dias da minha vida!

Agora, nós sabemos que não é *um* donut que torna o Gordo realmente gordo! Claro. E aqui entramos nos comportamentos adictivos. Nos vícios, ou melhor, na dificuldade para os ultrapassar. Porque não é *um* donut que engorda, mas se o Gordo quer mesmo emagrecer terá que recusar *um* donut... muitas vezes. Sempre (ou pelo menos quase sempre) que lhe apeteça.

Porque as campanhas anti-tabaco são quase verdadeiras quando dizem "Liberta-te do tabaco!". Quase, porque pode realmente ter havido um acidente em que alguém tenha ficado preso pelo tabaco, num armazém de alguma tabaqueira ou algo assim. Mas não creio que tal seja um problema comum. O que prende as pessoas não é o tabaco; é o desejo, é o apetecer mais um (só um!) cigarro. Mas infelizmente este não é o único apetite que prende pessoas. A maioria dos apetites nem sequer dizem respeito a coisas: dizem respeito a pessoas. Queremos pessoas, queremos que nos admirem, que gostem de nós, que nos oiçam, que não nos incomodem, que não nos falem horas a fio, que não nos julguem...

Quando percebemos que o que nos apetece... ou que o que

sentimos, não interessa a ninguém, que nem sequer há nenhuma boa razão para nos interessar a nós próprios, temos uma sensação libertadora. É algo maravilhoso – e disto posso falar com experiência própria, porque aconteceu-me. Uma vez.

A verdadeira liberdade vem de dentro. Não vem de sonhar com impossíveis ou de poder comer no restaurante mais caro da cidade todos os dias. Vem de estarmos livres de tudo o que nos prende por dentro. Sejam apetites, sejam orgulhos, sejam ódios de estimação. Ficamos livres quando percebemos que o que realmente queremos é muito mais importante do que o que nos apetece. Fui com os meus filhos visitar a cela onde São Pedro esteve preso. Um pequeno buraco, com menos de dois metros quadrados, onde São Pedro estava agrilhoado enquanto esperava a sua sentença de morte. Sei que apesar de praticamente não se poder mexer era mais livre que qualquer outro que passava na rua. Porque liberdade não tem a ver com impossíveis; tem a ver com conhecer a situação, saber o que é possível, saber o que apenas apetece, o que apenas gostaríamos, e escolher o que realmente se quer.

E o gostaria? O que é? Bem, uma pessoa pode *querer* ser um violinista extremamente virtuoso e praticar todos os dias da sua vida. Conta-se que uma senhora se aproximou de Isaac Stern depois de um concerto e lhe disse: eu dava a minha vida para tocar violino como o senhor! – ao que Isaac Stern terá respondido: minha senhora, eu dei! – obviamente no sentido em que praticou exaustivamente todo o santo dia ao longo da sua vida. Quanto os outros miúdos iam correr e brincar, Isaac praticava. Quando, depois de um dia cansativo, os outros miúdos se iam deitar, Isaac praticava mais um pouco.

Uma pessoa pode também dizer que gostaria de ser um violinista virtuoso. Se... se tivesse muito jeito, se tivesse praticado desde sempre[19], se por qualquer motivo, magia, tocasse virtuosamente sem esforço. Ou se não tivesse preferido fazer outras coisas, como estar com a família e amigos, ler, ver séries...

enfim apreciar a vida.

"Gostaria" também serve para aquelas coisas que não dependem de nós, ou, pelo menos, não totalmente. Por exemplo, conseguir um emprego ou uma promoção. Fazer uma boa compra ou um bom investimento. Ou quando se vê alguém extremamente interessante... podemos conhecer essa pessoa melhor, ou talvez namorar com ela e, quem sabe, talvez casar. Mas, na maioria dos casos, temos de nos lembrar que não depende de nós, podemos (ou devemos, especialmente em questões profissionais) fazer por isso, mas sempre cientes que não depende só de nós.

Assim, há os apetites, que nos prendem, há o que gostaríamos que não interessa para nada (embora por vezes possa ser a melhor atitude) e há o que queremos. Liberdade é conseguirmos focarmo-nos no que queremos. É conseguirmos libertar-nos dos nossos apetites e pequenas vontades. Dos sonhos impossíveis. Do "devia ser", ou na sua pior versão "as pessoas deviam ser".

Liberdade é aceitar as coisas e as pessoas como são. E decidir então o que se quer sem as amarras dos apetites.

FELICIDADE

É neste capítulo que vou ter de pedir desculpa aos meus filhos que não acreditem em Deus. Sabem porquê? Porque a verdadeira felicidade só é possível com Deus. E, espero que tenham reparado, tenho tentado manter as minhas opiniões independentes da existência, ou não, de Deus. Defendendo que mais importante que acreditar em Deus é ter um bom conceito, uma boa imagem. Mais vale ter um bom conceito que acreditar em algo semelhante, mesmo que vagamente, a um Monstro de Esparguete Voador... ou a um amigo invisível que irá castigar quem nós decidimos que é mau! Mas, no caso da felicidade, o Seu conceito só nos levará até determinado ponto.

Bem, não que queira que quem não acredita em Deus desista aqui, pelo contrário! Iremos até onde nos for possível; até ao ponto onde apenas o conceito nos leve... e espreitaremos o caminho que se segue.

A felicidade, dizem, é o mais importante. Dizem muitos pais, sobre os seus filhos "o importante é que sejam felizes". Depois são capazes de nos dizer que não existe felicidade, apenas momentos felizes. Embora em certo sentido até possam ter razão, não é assim. Há duas maneiras de chegarem a este erro: ou porque depositam a sua própria felicidade noutras pessoas, ou porque a confundem com contentamento... e não sei bem qual das hipóteses é a mais triste.

Se depositam a sua felicidade noutras pessoas, ou melhor: nas escolhas de outras pessoas, é natural que tenham esta sensação de apenas existirem momentos felizes. Só por acaso é que as outras pessoas vão escolher as opções que nos deixam felizes – tenho muitas dúvidas sobre felizes... devia dizer contentes. Claro que podemos encaminhar, ou mesmo manipular, as pessoas para tomarem as opções que nos deixem mais contentes, mas isso é felicidade? Passar a vida a tentar manipular pessoas e ansiosos com receio que não funcione? A mim parece-me trabalho stressante... além de provavelmente ser muito pouco ético.

Claro não se deve confundir manipulação com o que é natural. É natural sermos simpáticos, especialmente, com as pessoas de quem gostamos. É natural tentarmos que quem nos visita se sinta bem. É natural querermos que as pessoas gostem de nós. É natural tratarmos as outras pessoas bem, mesmo quando não nos apetece. O que não é natural, nada natural, é tentarmos fazer com que outras pessoas se sintam mal se não fizerem o que queremos. Aliás, deve bastar dizer "tentar que outras pessoas se sintam mal" para sabermos que é mau. Qualquer que seja a intenção: as acções é que são boas ou más em si mesmas! E a desculpa de que estamos a fazer "o melhor para ele" não serve. Porque na verdade não sabemos o que é melhor para nós, quanto mais para os outros!

Mas, e esta é a parte importante, eu sei que a minha felicidade não deve depender de ninguém. Mesmo quando casamos devemos lembrar-nos que a nossa felicidade não depende da outra pessoa ficar, só ao querer ficar é que contribui para a nossa felicidade. Ficar a qualquer preço não me torna feliz... embora pareça haver pessoas que pensam de outra maneira: depois descobrem-se aquelas histórias horríveis sobre pessoas presas em caves!!

E o outro aspecto importante é que é apenas uma contribuição. Não é isso que me faz feliz, embora possa contribuir; mas a minha felicidade é importante demais para estar nas mãos de outra pessoa, mesmo que seja a melhor pessoa do Mundo. Mais não seja porque não lhe quero pôr o fardo de ter de me fazer feliz – lembram-se da parte sobre o amor? Pois... na próxima parte, quando falarmos sobre O casamento, podemos voltar a este assunto... por enquanto acho que nos basta compreender que a nossa felicidade não pode depender das outras pessoas, porque não as controlamos. E se as controlássemos também não iriamos ser felizes. No fundo, não seriam pessoas, não seriam *outros*. Infelizmente há quem pareça feliz sem pessoas...

E confundir com contentamento? Bem, estar contente é bom. Mas uma pessoa fica contente por ir fazer uma viagem, por chegar o Natal, ou por comer um gelado. Se contentamento fosse felicidade não haveria crianças infelizes: bastava atirar-lhes um chocolate e o problema ficava resolvido. Mas a felicidade é mais sobre o modo como aproveitamos o gelado, as pequenas coisas da vida, do que essas coisas em si. As coisas podem deixar-nos contentes. A felicidade tem de vir de dentro.

Em certo sentido pode parecer que contente é um estado transitório e felicidade algo permanente, e que essa é a grande distinção. É verdade, mas é mais que isso, a felicidade é realmente mais constante, mais presente, mas também muito mais profunda. De facto, uma pessoa pode não estar contente, pode mesmo estar triste ou irritada, e ser feliz. E pessoas extremamente contentes ou alegres podem ser infelizes.

E realmente agora que penso nisso, num dos momentos mais felizes da minha vida, eu devia estar triste e zangado... mas não, não estava: estava maravilhado demais com a felicidade para sentir qualquer outra coisa. E sim, tinha-me libertado de tudo o que me prendia, de todos os meus apetites, impulsos, orgulhos... e sobrava apenas eu. Livre e feliz como nunca... em certo sentido felicidade confunde-se com liberdade, com a liberdade interior.

Como nunca... e podem perguntar-me: e desde aí tem vivido sempre assim? Podem perguntar, mas a resposta, infelizmente, é não.

E nesse sentido têm razão, as pessoas que dizem que a felicidade não existe, apenas momentos – mas, pelo ar com que o dizem, fico com a ideia que não sabem do que falam... porque sim, felicidade em estado puro, sim... talvez só se tenha um momento ou outro na vida. Mas, primeiro, apenas um momento já é sobejamente bom. E no resto do tempo? Aí tendemos, talvez com esforço, ou, em latim, *in ardua nitor*. Tendemos, esforçamonos para essa atitude desprendida, para essa felicidade.

E sabem que mais? Tender já é suficientemente bom. É óptimo. Ninguém nos pede para sermos perfeitos – e se alguém pedir, mesmo que seja uma vozinha interior... não liguem. Filósofos falam do drama, da tensão, do ser humano entre o que é e o que (acha que) devia ser... bem, a resposta é tender. Pode ser-nos impossível sermos realmente generosos (ou gentis, ou compreensivos, ou o que se queira), mas podemos tender. E sabem? Se honestamente podem dizer que tendem, não precisam de se esforçar mais. Não sejam demasiado exigentes convosco próprios, sejam compreensivos – porque não há garantias que o resto das pessoas o seja. E lembrem-se, se Deus quisesse rodear-se de seres perfeitos não criava o Mundo, criava apenas o Céu. Deus amanos assim, como somos, imperfeitos e a construirmo-nos, que é como quem diz a tendermos para o que achamos que devemos ser, abandonando aquilo que não faz parte de nós. Somos como estátuas dentro de blocos de rocha: o complicado não é fazer, é tirar aquela pedra toda, aquele lastro, que não faz parte da estátua.

E é impossível sentir isso sem acreditar em Deus? Impossível não direi. Creio que todos temos em nós a vontade de nos libertarmos... e o medo de o fazermos. Existem duas grandes diferenças. Uma é que quem não acredita em Deus pode ter o gosto, a maravilha de se construir. De se tornar mais como acha que deve ser. Enquanto quem acredita em Deus (e tenha uma boa imagem, um bom conceito Dele) entende a finalidade e maravilha transcendente que tal significa. É um pouco como fazer exercício regular. Imaginem duas pessoas que vão regularmente ao ginásio; uma porque sim, porque faz bem; a outra vai porque quer, e sabe, que vai tornar-se um atleta de eleição, que sempre quis ser, que já vai sendo na sua modalidade (que é a única maneira de o saber). Ambos terão a boa sensação do cansaço físico e sentirão o bem-estar que se segue a vários dias de exercícios (pelo menos, é o que as pessoas que o fazem insistem em me dizer!). Mas todos podemos ver que o segundo, o futuro atleta, tem um gosto, um sentido, um propósito, que ultrapassa o simples sentir-se melhor.

Um bom conceito de Deus e uma boa atitude diante da vida, pode levar-nos à felicidade, talvez. Pelo menos àquela felicidade mais fácil de entender, de uma vida calma e pacífica. No fundo, desde que não aconteçam coisas muito más. Infelizmente.... não! Felizmente, não controlamos o Mundo e, estatisticamente é quase certo, coisas más irão suceder. Esperemos é que não muito más.

Contudo, quando digo ser necessário Deus para se ser feliz é porque acredito que, mesmo enquanto O crucificavam, Jesus era o homem mais feliz na Terra.

Não, não estava contente. Estava em sofrimento. É-nos difícil imaginar o nível de sofrimento... o filme *A Paixão de Cristo* olhou este sofrimento mais de perto e foi severamente criticado por isso. Porque uma coisa é sabermos. Podemos saber que Jesus estava na Cruz. Sabemos, dizemos, mas evitamos olhar. Esse filme fez-nos olhar. E devemos lembrar-nos que o sofrimento físico foi só uma pequena parte. O abandono, daqueles que lhe prometeram apoio incondicional, as acusações e calúnias, ver a facilidade com que o ódio desperta na Humanidade, mesmo para Aquele que ainda pouco antes caminhava no meio deles, curando-os e ajudando-os... tal sofrimento ultrapassa, felizmente, a minha capacidade de descrição.

Uma pequena nota. Sei que falo como se fossem factos, como se não pudesse haver dúvidas sobre Deus e Jesus. Pode. Não quero que alguém passe a acreditar só porque digo. O que gostava é que mesmo quem não acredita pense nesta imagem.

E outra pequena nota: o bom ladrão. O Bom Ladrão diz "este homem nada fez para merecer isto". É difícil imaginar o consolo que tais palavras terão trazido. Este homem, este salteador, provavelmente assassino e pior; sem nada a perder, sem nada a ganhar, afirma que, apesar do que diz a multidão, acredita na inocência de Jesus. E só ao longo da vida aprendemos como é difícil enfrentar a multidão. Quando todas as pessoas à nossa volta concordam a nossa tendência é concordar, seguir a manada e mesmo aumentar a parada. Mas não este homem! Em vez disso ele diz: enquanto praticava o mal, via-Te praticar o Bem. Enquanto saqueava e matava, via-Te curar e perdoar. Não acredito nas infâmias que gritam, acredito no que vi, ou, simplesmente, acredito em Ti. É preciso passar por dores que não imagino, ou desejo a alguém, para se conseguir imaginar o consolo destas palavras.

E Jesus que faz? Agradece a Deus, ao Pai (ou Papá, como rezava) por nunca o abandonar. Mesmo nos momentos mais difíceis. Aceita o seu destino, a Vontade de Deus, mas sem desanimar. Acredito que, se dúvidas tivesse, pelo consolo que sentiu nas palavras do Bom Ladrão teve a certeza de não ter sido abandonado, esquecido, pelo Pai. Pelo contrário, o que se sentiu, creio eu, foi amado, talvez mesmo mimado, pelo Pai.

Este sentir-se amado pelo Pai é a verdadeira felicidade. É o que permite a algumas pessoas serem felizes no meio do maior sofrimento. E esta felicidade, claro, só está ao alcance de quem acredita em Deus. Afinal de contas não nos podemos sentir amados por algo que não acreditamos que exista.

Sentir. Porque posso vos garantir que Deus ama-nos tal como somos, com as nossas imperfeições, manias e defeitos. Mesmo com orelhas grandes! Lembremo-nos que perfeito vem do latim *perfectus*, que na sua origem significava já feito, terminado. Se calhar os romanos achavam que algo só estava terminado quando estava mesmo bem... eu não, eu dou algo por terminado quando olho e penso: não está bom, mas não imagino nada que possa fazer para melhorar.

Bem, o importante é que Deus já vos ama antes de estarem terminados. Não precisa que acreditem Nele. O Amor não exige retribuição, lembram-se? Mas uma coisa é saber, a nível filosófico: sim, se Deus existir só faz sentido amar profundamente tudo o que criou, incluindo eu com todos os meus defeitos e mesquinhices. Outra, totalmente diferente, é sentir.

Para terminar com uma nota de esperança. Creio que, se tiverem um bom conceito de Deus, como quem O procura conhecer, imaginar como *seria*, mesmo sem acreditar na Sua existência, tal bastará. Creio que será o suficiente para, se o pior acontecer, no meio da maior tristeza e sofrimento, Deus arranjará maneira de vos fazer senti-Lo. De dar um pequeno sinal, um Bom Ladrão, um amigo com que não contavam... não sei, mas creio que arranjarão maneira de compreender e sentir.

E até lá? Até lá, tratem de ser felizes, como as pessoas gostam de dizer. Mas não é bem para isso que cá estão... é para se construírem; porque assim é que serão felizes.

SAÚDE

Houve um médico que definiu saúde como um estado transitório que não augura nada de bom! Claro que é uma piada, saúde não é apenas não estar doente.

Mas, como acontece com tudo "o que é o mais importante", poucas pessoas sabem o que é a saúde. Quando experimentei perguntar às pessoas o que significava saúde a melhor resposta que obtive foi "é ter energia". Não estará mal de todo, mas... é o eterno problema de darmos um nome a um conceito abstracto: o nosso cérebro fica contente, pois parece-lhe que o assunto ficou arrumado. Mas, a verdade, é que termos um nome, descansa-nos, mas não nos diz muito sobre o que realmente significa esse nome. Aliás voltaremos a este problema adiante: os nomes dos conceitos abstractos são extremamente atractivos. Mas, para serem úteis, estes conceitos precisam de ser definidos. E a este propósito podemos contar uma história curiosa.

Benjamin Franklin, querendo ser um homem virtuoso, decidiu conceber um plano para melhorar as suas virtudes (plano esse que poderão ver no anexo O método de Benjamin Franklin) e, naturalmente, o primeiro passo foi procurar as virtudes que devia melhorar.

Deparou-se, então, com o problema da definição. Por exemplo, a virtude da temperança (sendo hoje mais comum dizer-se sobriedade ou moderação): alguns autores consideravam-na apenas relacionada com as bebidas alcoólicas, enquanto outros a aplicavam tanto à bebida como à comida... e outros ainda estendiam a temperança a todos os aspectos da vida. Pois, também em português, podemos comentar que alguém é moderado nas palavras, no trabalho, nas relações... e, no caso concreto da temperança, até podemos dizer que é fácil: é apenas não comer, não beber, não falar, não fazer seja o que for, em demasia. Fazer tudo com moderação. Depois claro, surgem as piadas... como dizer droguem-se, com moderação! É o problema do "pode ser aplicado a tudo".

Talvez por isso, Benjamin Franklin foi na direcção oposta. Entendeu (e penso que bem) que quanto mais abrangente fosse o conceito de moderação, menos útil seria. Preferindo, portanto, ter mais nomes, mais virtudes, mas bem definidas, que menos virtudes com definições mais abrangentes. Definindo moderação apenas como a virtude de não comer nem beber demasiado. É de facto uma ideia útil. Portanto a primeira coisa que temos de fazer é procurar uma boa definição operacional de saúde.

Bem, um bom princípio, quando procuramos uma definição, é vermos um dicionário. Porque houve alguém que já se deparou exactamente com o mesmo problema e já chegou a uma conclusão. E nós temos a grande vantagem de ter acesso ao *Dicionário Geral e Analógico da Língua Portuguesa,* Edições Ouro, 1948! Que nos diz:

Saúde, s.f. Posse e manutenção do mais alto estado de vigor mental e físico (2177). Vigor (4543). Saudação, brinde, acto de se beber à mesa em homenagem ou lembrança afectuosa de alguém (5598).

Os números remetem-nos para a parte analógica do dicionário, onde as palavras não estão organizadas por ordem alfabética, mas sim por ideias. Onde vemos que vigor nos remete para a robustez. O que nos agrada, de facto. Já a saudação, o brinde, pode não estar ligado à aaúde... mas fica sempre bem! Mas, perguntamo-nos, para falar de saúde não será melhor a Organização

Mundial da Saúde? De facto, a OMS também tem uma definição operacional de saúde[20]:

"A saúde é um estado de bem-estar físico, mental e social, completo e não apenas a ausência de doença ou enfermidade."

Na verdade, tenho dois problemas com esta definição. Uma é o bem-estar. Outra é o "bem-estar social". E quem se deu ao trabalho de ler a nota introdutória poderá agora perceber a minha preferência pelo Dicionário Geral e Analógico da Língua Portuguesa!

O problema do "bem-estar" é que, pelo menos em português, está mais ligado a não ter desconforto do que a ter vigor. Ou seja: o importante, para a OMS é não haver queixas?... Leva-nos de volta ao "amor de mãe", lembram-se? Em que o importante é que não aconteça "nada de mal", que não tenha dores, que não nos aflija... e na verdade, já tenho ouvido relatos de como alguns psiquiatras, especialmente em hospitais públicos, usam e abusam de medicamentos, com alguns pacientes, justamente com este fim. Saúde não é seguramente a ausência de desconforto. Só quem nunca correu uma maratona (como eu) é que pode pensar que o desconforto não pode ser saudável! Embora tenha de admitir que, ao adjectivar o bem-estar como completo, se torna menos grave. E houve ainda quem que me fizesse notar que "bem-estar" (e "well-being" no original) estão também ligados a serenidade. O que me agrada. Mas, apesar de tudo, continuo a preferir a definição de Artur Bivar.

Já o "bem-estar social" levanta outras questões! Quer dizer... sabemos que o Homem é um animal social, não o pomos em causa. A dúvida é o que significa incluir o conceito de "bem-estar social" na saúde. Porque a parte importante da vida social está incluída na saúde mental. Ao incluirmos o "bem-estar social" na definição de saúde estamos a abrir portas que talvez seja melhor manter encostadas, ou mesmo fechadas!

Primeiro, pela tendência das burocracias em tornar linhas orientadoras em regras. E, talvez isto seja novidade para os médicos, mas infelizmente nem a Medicina escapa a estas tendências burocráticas; por mais que cada médico o tente. Por exemplo, é certo que devemos beber água. Não contesto que um ser humano deva, em média, dependendo das condições e do ser humano específico beber cerca de um litro (ou dois) de água por dia. Contudo tornar isso numa regra, dizerem "Tem de beber dois litros de água por dia, quer faça chuva quer faça sol", parece-me um abuso desnecessário. Temos um óptimo mecanismo que nos faz procurar água quando precisamos e deitá-la fora quando temos a mais. Na minha opinião, "obrigar" as pessoas a beber água, especialmente só porque sim, não lhes traz qualquer benefício para a saúde.

E isto é apenas com a água!! Ao incluirmos "bem-estar social" na saúde estamos a abrir a porta a regras muito piores. O que não falta são pessoas que têm gosto em gerir a vida dos outros. Pessoas... e organizações! A inclusão, assim, da parte social na saúde quase que pede a essas pessoas (ou à OMS, e por tabela aos nossos governos) para gerirem a vida social dos outros. E, se a parte biológica da experiência humana (quanta água ou proteínas precisamos, por exemplo) pode ser bastante uniformizada sem grande mal vir ao mundo, o mesmo já não se pode dizer do resto. A nossa vida social é muito mais complexa, muito mais... individual.

A nossa vida social pode, por exemplo, levar uma pessoa a viver a vida em pleno isolamento, como eremita (por vezes parece-me quase um sonho). Pode levar alguém a trabalhar vinte horas por dia, enquanto leva outro a não trabalhar. Não só qualquer uniformização é extremamente difícil e abusiva como, mal ou bem, tem de ser cada um a decidir. De acordo com o seu próprio equilíbrio.

Porque, se me perguntarem o que é mais importante para a Saúde, terei de dizer: o equilíbrio. Mas um equilíbrio que é único em cada individuo e em cada questão. E, neste caso, parece-me que manter de fora o "bem-estar social" é a decisão mais equilibrada. Já temos uma visão social ao analisarmos a saúde mental e teremos, mais para o fim, capítulos sobre diversas partes sociais. Não há necessidade nenhuma de a incluir aqui.

Antes de mais tenho que vos dizer que, na minha opinião, a saúde mental é muito mais importante que a Física. Infelizmente só pensamos mesmo nisso quando vemos casos de saúde mental muito degradados (e pensamos, provavelmente mal, que preferimos morrer a ficar nesse estado). Mas a verdade é que a saúde mental, ou, como se dizia antigamente, o espírito, tem primazia sobre o físico. Bem sei que hoje esta ideia pode parecer algo estranha, habituados que estamos a procurar sempre evidências físicas do que acreditamos e afirmamos – o que, em si, não é uma má atitude – mas que nos pode levar a algumas conclusões erradas.

Então, porque digo que a parte mental tem primazia? Bem, mais não seja porque temos o efeito placebo. Placebo é uma substância ou tratamento inerte, como comprimidos de açucar, injecções de soro fisiológico ou, neste contexto, orações[21] e similares. O *efeito placebo* é o efeito que tais rituais, actos ou "medicamentos" podem ter sobre a pessoa.

Muitas pessoas só pensam no efeito placebo como positivo: algo que não devendo ter qualquer efeito provoca, de algum modo, um efeito positivo. Mas, e deveria ser óbvio, também existe o efeito placebo negativo, ou seja, com efeitos nefastos sobre a pessoa... o que aliás, ficou demonstrado num estudo em que pacientes sabiam que estavam a rezar por eles: caramba! – pensaram, para terem de rezar por mim é porque isto está mesmo mau[22]. Terão pensado os desgraçados. E por pensarem que estavam assim tão mal, pioraram. Como uma profecia auto realizável!

Ou seja, conseguiu-se o oposto do pretendido: um efeito placebo negativo. E neste caso apenas por "*magia*", a única coisa que sabemos ao certo sobre o efeito placebo é que não é provocado pelo placebo. Resta-nos, portanto, a hipótese, por mais incrível que possa parecer à primeira vista, de ser provocado pelo cérebro – ou por aquilo em que o nosso cérebro acredita. O que nos pode fazer ver como magia, astrologia e coisas dessas podem ser um problema real, para quem acreditar!

Já Juvenal, no segundo século da nossa Era, dizia que os homens não deviam orar por honrarias ou riquezas, mas por uma mente sã num corpo são. De facto, vamos vendo como a saúde física como a mental estão ligadas. Mas a verdade é que é mais difícil manter um corpo são com uma mente doente que o contrário. Aliás já vimos que os estudos sugerem que eventos, mesmo drásticos, não tem o impacto "esperado" na felicidade das pessoas. A atitude mental parece ser mais importante que os acontecimentos da vida. Não é tanto o que nos acontece, é como o contamos a nós mesmos que nos torna felizes ou infelizes.

Mas, para um cristão não deve ser a saúde física também extremamente importante? Afinal Jesus não curava os enfermos? Sim, contudo, em algumas passagens notarão que tal não é o mais importante. Como em Marcos 2, quando antes de curar um paralítico lhe perdoa os pecados. Já em João 5, Jesus, antes de curar um homem pergunta-lhe se quer mesmo ser curado. É importante perceber que a cura, em todos os casos, não é apenas do corpo, mas também do espírito. Sendo esta a mais importante.

Finalmente, o objectivo da saúde física não é prolongar a vida, muito menos procurar a imortalidade. Embora um cristão não deva procurar a morte, também não a deve evitar "a todo o custo". Mas penso que não é necessário ser cristão para se entender que prolongar a vida a todo o custo não é boa opção. Aliás, nos livros d'O Senhor dos Anéis a mortalidade é apresentada como o dom dos homens! O que pode parecer estranho... à primeira vista. Contudo se pensarmos no que significaria realmente viver para sempre, podemos mudar de opinião.

Primeiro não seria garantido que nós não mudássemos. No filme *A Morte Fica-vos Tão Bem*[23], as duas protagonistas vão deteriorando o corpo, mas sem morrerem, tendo assim um destino pior que a morte. Quando perdemos algo, nesta vida, podemos pensar "para sempre"; mas este "para sempre" é enquanto estivermos vivos. Este conceito de não ser para sempre, pode bem ter um papel importantíssimo no modo como concebemos a vida.

Aliás, estudos com moscas da fruta concluíram que ao aumentar a longevidade[24] as moscas tornavam-se mais lentas. Acabavam por fazer as mesmas coisas, mas mais espalhadas no tempo. Provavelmente o peso de vivermos para sempre, ou termos uma longevidade extremamente elevada, fará o mesmo connosco, ou, como diz Armand Marie Leroi em *Mutantes* (bom livro!), talvez a longevidade humana venha com o preço de termos na juventude os apetites próprios da meia idade.

Acima de tudo, não devemos valorizar uma vida pela sua duração; afinal de contas eu quero seguir o exemplo de Alguém que terá vivido apenas cerca de 33 anos! Mas penso que mesmo quem não seja cristão não deve temer a morte. Como disse, ou terá dito, Mark Twain, ateu confesso, "Estive morto durante milhões de anos antes de nascer e não sofri o mais pequeno inconveniente por tal".

Mas, mesmo sem sonhos de imortalidade, não devemos esquecer as palavras sábias de Grocho Marx "Se eu soubesse que ia durar tanto teria tido mais cuidado comigo!". Curiosamente quando somos novos podemos sofrer dos dois males: pensar que vamos viver para sempre e não nos preocuparmos em cuidar de nós próprios devidamente enquanto por cá andamos. A atitude sensata é tomar bem conta de nós sem tentar viver para sempre. Sem sequer nos preocuparmos com tal.

E quanto a conselhos práticos sobre saúde, que vos posso dizer? Tenho a sensação que qualquer coisa que diga estará desactualizada, do ponto de vista dos meus filhos. E, em certo sentido, espero que sim. Excepto, claro, recordarem-se do equilíbrio. O que significa desconfiarem das modas e, acima de tudo, da publicidade.

Os produtos *light* creio que já todos temos a noção que não são grande coisa: a única coisa que fica comprovadamente mais leve é a carteira... e os biológicos? Convencem-nos que são melhores. Mais caros, mas mais saudáveis. Serão? Na verdade, o produto que mais problemas tem dado, a nível de saúde, são os legumes de folha verde, ou seja, aqueles legumes em que comemos a folha[25]. Porquê? Normalmente estão mais perto do chão. E, se forem de origem "biológica" isso significa mais pesticidas, não menos. Pois os pesticidas considerados "biológicos" são menos eficazes, menos específicos; ou seja: têm de ser utilizados em maior quantidade, ficando as folhas com pesticidas a mais.

Portanto, ter cuidado com a publicidade e as novas modas – mesmo quando não são modas médicas - é o mais importante. Se duvidam que existam modas médicas, basta ver a opinião dos médicos sobre antibióticos: uma geração evita-os como à peste, a seguinte (médicos uns 20 anos mais novos) usam-nos mais livremente; a seguinte volta a evitá-los. O difícil mesmo é saber onde está o tal ponto de equilíbrio. Talvez agora os médicos já estejam a chegar a um equilíbrio... quanto aos antibióticos!

Porque que se deve fazer pelo menos um pouco de exercício, não fumar, não beber (e outras coisas) demasiadamente, dormir regradamente (mais ou menos); penso que são coisas que todos sabemos. Embora, basta olhar para mim, nem todos as façamos.

O que gostava mesmo é que confiassem nos vossos instintos. E os conhecessem. Sabem aquele mecanismo que nos faz procurar água quando precisamos? Sim, é disso que estou a falar. Costuma-se dizer que a vida sedentária e o excesso de comida, especialmente comida gorda e rica, tem levado as pessoas à obesidade. Que a culpa é do nosso instinto que foi desenvolvido numa época de menor abundância e nos leva agora a comer comidas gordas em excesso. Contudo... o que nos leva a comer demais não é o instinto, é o prazer, a gula. E ao entrarmos em modo dieta estamos justamente a cair naquele truque "Não pense num elefante cor-de-rosa". Ou seja: tornamos a dieta muito mais difícil, pois não nos permitimos esquecer os alimentos que não podemos comer!

Penso que a melhor maneira de fazer dieta é confiar nos vossos instintos: se não têm fome, não comam. Não se preocupem com horas de refeições. Reparem que nunca ninguém morreu por saltar uma refeição, mas já muitas pessoas morreram por nunca saltarem uma refeição!! Mesmo sem contar com aquelas refeições em que alguém foi apanhar cogumelos! Lembrem-se que existe uma relação entre frugalidade e longevidade, como também é referido no tal livro *Mutantes*[26]. E que comida... é para ser desfrutada com prazer e não comida pelo prazer!

SAÚDE MENTAL

Podemos começar onde ficámos: nos mecanismos que nos levam a procurar água e comida quando precisamos. Normalmente dizemos que são funções do corpo. Como se o corpo nos fosse algo exterior, sobre o qual temos apenas um controlo diminuto.

Mas a verdade é que controlamos as funções do corpo. Seja a digestão, os batimentos cardíacos ou a tensão arterial. Bem, controlamos é uma maneira de dizer, o nosso cérebro controla. Sabem aquele mito que diz apenas usamos dez por cento do nosso cérebro? Pois, é um mito. A verdade, contudo, é que apenas nos apercebemos de bastante menos de dez por cento dos processos do nosso cérebro. O que é totalmente diferente de não o utilizarmos. Deixemos, por agora, de parte aquelas pessoas que parecem não utilizar nenhuma parte do cérebro!

O nosso cérebro prolonga-se pela coluna abaixo, ligando-se a todo o corpo. Aliás temos um cérebro praticamente independente nos nossos intestinos (a nossa segunda maior concentração de neurónios! – sim, em algumas pessoas parece ser a única...). Imaginemos o nosso cérebro como um taco de golfe, de pernas para o ar, coloquemos uma meia na cabeça do taco e um capacete por cima. Junte-se... um algodão doce, perto da pega do taco e fica-se com uma boa ideia da imagem do nosso cérebro.

Um pouco como fizemos com o Universo e o Mundo podemos distinguir o cérebro da mente. Sendo o cérebro a parte física que permite a existência da mente. A mente é um conjunto de capacidades cognitivas, começando pela consciência (autoconsciência, o sentimento de si). E, claro, também gostamos de dividir a mente em consciente (os tais menos de dez por cento de que nos apercebemos) e a subconsciente (tudo o resto).

Mas temos de entender que não há dualidade, há um continuum, em ambos os casos. No caso da dualidade cérebro/mente, entenda-se que, em grande medida para não dizer na totalidade, o cérebro é responsável pela nossa mente. Uma pequena diferença física altera o modo como pensamos e sentimos, ou mesmo como vemos. É engraçado. Creio que todos temos alguma resistência a esta ideia. Como se os nossos pensamentos vivessem num mundo à parte. Mas não. A Neurologia está agora a estudar as diversas partes do cérebro e dentro de algum tempo teremos um mapa bastante completo deste orgão... e dos processos cognitivos associados! Poderão vir a ser tempos assustadores, em que com um scan ao cérebro se poderá olhar para dentro da alma de alguém...

A parte importante, por agora, é lembrarmo-nos que o cérebro, físico, está intimamente relacionado com a nossa mente. E que uma pequena diferença física aqui pode ter grandes repercussões na mente. Por outro lado, é importante ter a consciência que a mente também tem influência sobre o nosso cérebro. O que pensamos também influência o nosso cérebro, que aliás parece ser bastante maleável.

Quanto à dualidade consciente/não-consciente, temos de recordar que também é um continuum. Não são duas entidades antagónicas. Pelo contrário! É todo um continuum em comunicação. A parte não-consciente influencia-nos muito mais do que gostamos de imaginar e a parte consciente tem também capacidade de influenciar a não-consciente. E convém afastar desde já os mitos criados por Sigmund Freud (ou SickMind Fraud; como alguns lhe chamam). O mito da id, da mente subconsciente como origem de todo o mal... tudo isso deveria estar já completamente afastado, como mitos típicos do século XIX. Aliás, o que se observa, é que a grande parte dos problemas de saúde mental têm origem na parte consciente. Mais precisamente na sua teimosia em não dar ouvidos ao subconsciente.

Quanto à sua brilhante invenção, a psicanálise... não aconselho, de todo! Bem sei que ainda há quem a defenda. Contudo, a mim, parece-me como tratar uma perna dando-lhe marretadas até que, por algum acaso, a perna fique direita! No fundo, é esse o conceito de "reviver o trauma": voltar a traumatizar, aprofundar o trauma; como se daí pudesse vir algum bem. Contudo, o que as pessoas que sofreram um trauma normalmente dizem é: não me quero sentir assim novamente!

Mas o importante neste campo, como em tantos, é a humildade. Percebermos que a nossa inteligência não é perfeita. Facilmente fica ligada emocionalmente às conclusões a que chegou, dificultando a sua reavaliação! Já o não-consciente, por mais que tente sempre tomar conta de nós, nem sempre o faz da melhor forma a longo prazo. E o pior é que nem sempre conseguimos distinguir o que nos apetece do que os nossos instintos nos tentam dizer. E temos dificuldade em interpretar os nossos instintos, como as pessoas que acordam a meio da noite a achar que têm fome, quando na realidade têm sede!

Ao instinto gostamos de atribuir a opção certa. Numa situação em que existindo duas opções, e estejamos muito indecisos, não temos, habitualmente, modo de as distinguirmos quanto à sua validade ou origem... contudo se escolhemos a errada dizemos sempre: devia ter seguido o meu instinto.

Daí que o instinto... esteja sempre certo, analisando à posteriori. E, como já dissemos, o importante é manter um equilíbrio; aqui entre os nossos instintos e o nosso intelecto. E sabem? Nada melhor que uma avó para o temperar esse equilíbrio. As avós é que sabem.

Porque normalmente as avós sabem o que precisamos, mesmo quando nós não o sabemos. Aconselho vivamente a aproximação das Necessidades Humanas às questões da saúde mental. A grande maioria dos problemas dá-se porque decidimos não dar ouvidos ao nosso não-consciente a gritar-nos para suprir uma necessidade. Muitas vezes, como simplesmente negamos algumas necessidades, nem sabemos o que nos falta. Se virem a lista das Necessidades Humanas perceberão porque é que, normalmente, as avós sabem. Inclui família, crianças e ocupação. Por exemplo, muitas pessoas simplesmente decidem que não querem ter filhos, pelas mais diversas e variadas razões, todas elas lógicas e racionais... mas que não interessam absolutamente nada à nossa parte subconsciente, que sente essa necessidade.

Quando algumas destas necessidades falham, de modo consistente, sem justificação, temos problemas. As empresas farmacêuticas gostam que pensemos que os problemas surgem devido a desequilíbrios químicos... mas a verdade é que, apesar de todo o dinheiro investido por essas empresas, ainda nenhum estudo mostrou tais desequilíbrios como causa de algo, mas apenas como efeito.

Além do mais, se pensarmos em depressão (por exemplo) como um desequilíbrio químico... o que pode uma pessoa fazer? Vai ao psiquiatra e ele que tente acertar a medicação, não é? As pessoas tornam-se passivas – o que é extremamente atraente para quem sofre de depressão. Atraente, mas não bom. Uma pessoa deprimida já é suficientemente passiva.

Pelo contrário, a melhor coisa que alguém deprimido pode fazer é manter-se ocupado. Arranjar qualquer rotina, que obrigue a sair de casa – se não for por si, que o faça pelos outros. Fazer um pouco de exercício. Manter o contacto com os amigos e familiares. E, se conseguir, analisar a sua vida à luz das Necessidades Humanas, pois o episódio depressivo pode passar, e normalmente passa, mas apenas para voltar, mais facilmente, se a causa não for corrigida. Note-se que mesmo quem ache que a depressão é causada por desequilíbrios químicos deve lidar com ela com este pressuposto, para ter parte activa na cura.

Outro caminho para a depressão é a ansiedade. Há até quem diga que são duas faces da mesma moeda. A ansiedade pode ser provocada por alguma falha na nossa vida, ou por nos preocuparmos demais com uma coisa, ou com muitas. O processo é engraçado: com ansiedade não só temos dificuldade em dormir bem como precisamos de dormir mais. O cérebro precisa de sonhar mais. Há quem diga que os sonhos servem para limpar o cérebro especialmente das coisas que não sucederam (o que seguramente é um facto é que cérebros ansiosos precisam de sonhar mais, seja pelo que for).

Os sonhos não nos descansam, pelo contrário[27]. Ou seja: entre a dificuldade em dormir e a necessidade de sonhar mais fica-nos a faltar o sono profundo, restaurador. Começamos a acordar mais cansados, o que naturalmente nos preocupa, deixando-nos ainda mais ansiosos. A somar a isto um cérebro ansioso fica extremamente susceptível à clivagem: algo ou é perfeito e maravilhoso, ou inútil. Como a perfeição não faz parte deste mundo, tudo nos começa a parecer inútil. E assim as pessoas acabam por entrar em depressão, vendo tudo como inútil e desprovido de sentido.

E temos de admitir que o mundo de hoje é muito propício à ansiedade! A destruição das unidades familiares tradicionais (primeiro a família alargada durante a industrialização, agora mesmo a família nuclear); a escola (somos os únicos mamíferos que abandonam as suas crias com estranhos, fora do seu círculo familiar, sabem?); a insegurança no trabalho e na economia; a velocidade a que circulam as notícias, que são sempre tragédias. A aculturação: a mudança cria sempre ansiedade! Incluindo a facilidade em viajar! Claro que viajar é bom, mas a nossa parte não-consciente não aprecia assim tanto as viagens e mudanças. E, se for uma viagem de lazer, óptimo. Porém ter de ir trabalhar para outro país gera sempre ansiedade, especialmente se a língua e cultura não forem similares.

Claro que sempre vivemos momentos stressantes! É algo inerente à vida. O problema é agora ser mais contínuo, e agravado pelos meios de comunicação e ecrãs. E que podemos fazer quanto a isso?

Bem... claro que podemos ter um estilo de vida mais saudável. Manter o contacto com a família e com a natureza, fazer algum exercício (suar um pouco, umas duas vezes por semana chega para este fim, de desintoxicação), ter tempo para parar, tentar diminuir o tempo frente a écrans (a televisão consegue cansar-nos sem nos descontrair), porque parar não é sentarmonos no sofá a ver televisão. Existe um velho livro, chamado *How to Stop worrying and start living!* de Dale Carnegie, cheio de conselhos práticos, alguns deles surpreendentes, que podem ajudar quem sofra de ansiedade.

Mas, acima de tudo, a melhor resposta é ser... tentar ser cristão. Um cristão *não pode* ter ansiedade, *não pode* estar deprimido. Hoje, a tristeza já não é considerada um pecado. Mas era, na Idade Média. E um cristão sabe que não tem de se preocupar. E que por piores que sejam as perspectivas não deve entristecer. Não é fácil. A mim parece-me mesmo impossível. Mas só de saber que *tenho a obrigação* de tentar, já me ajuda. E um cristão... *sabe* que o Pai toma conta. *Sabe* que no fim... tudo estará certo, tudo estará bem.

Mesmo sem acreditar é possível aproveitar as lições de Jesus. Os seus conselhos práticos podem ser úteis mesmo a quem não acredite. A este propósito temos, por exemplo, "a cada dia basta o seu mal", que pode ser dito de outra forma: não nos compete tentar resolver o que mal se adivinha no horizonte, mas sim resolver o problema à mão. Tratar hoje dos problemas de hoje e deixar para amanhã os de amanhã.

Por outro lado, quem acredite, tem de distinguir confiar

em Deus de tentar-lhe forçar a mão. É tentador, mas não funciona. Uma coisa é acreditar que Deus nos ajudará e acima de tudo não nos dará provações maiores que as nossas forças. Outra, completamente diferente é "fia-te na Virgem e não corras". É desleixar-se, colocar-se em más situações, porque Deus *terá* de resolver. Não tem. Talvez o Seu plano seja mesmo passarmos por provações.

Sabem? Nos anos 60 (1960s) reparou-se que, ao deitar-se, uma pessoa rezar algo nesta linha:

Senhor, hoje fiz o que podia, o resto deixo nas Tuas mãos.

Ajuda mesmo quem não acredite em Deus. Talvez por as pessoas não gostarem de mentir a si próprias e acabem mesmo por ir fazendo o que podem... e isso sem dúvida alguma ajuda! Talvez por as ajudar a perceber que não controlam tudo, mas que se podem esforçar nas partes que controlam. Não sabemos ao certo, mas sabemos que ajuda.

No capítulo seguinte, ao falarmos das pessoas, do modo como nos definem, abordaremos um aspecto importante: o feedback. É algo tão óbvio que poderia passar sem dizer: os outros são o único barómetro fiável quando se trata da nossa saúde mental. A maioria das pessoas que caminha para a insanidade, fá-lo através de pequenos passos, que pareceram perfeitamente racionais, ou pelo menos aceitáveis, na altura...

IV. AS PESSOAS

SÃO AS PESSOAS QUE NOS DEFINEM

Gosta-se de dizer que não nos devemos preocupar com o que as pessoas pensam de nós. Que devemos preocupar-nos é com o que nós pensamos de nós próprios, o que as outras pessoas pensam é problema delas. Verdade, pelo menos, em parte. É verdade que não devemos deixar de fazer o que consideramos correcto pelo que as outras pessoas pensariam de nós, como por exemplo: "Vão pensar que sou parvo!", o que me acontece muito, com resultados diferentes; umas vezes, faço o que penso que devo fazer, outras, penso que se todas as pessoas vão pensar que sou parvo... talvez tenham razão!

E essa é a questão: na verdade só temos feedback fiável sobre nós próprios através dos outros. Claro que, como Jesus, todos podemos ser vítimas de uma campanha caluniosa. Todos podemos ter alguém próximo em quem tolamente confiamos que use e abuse dessa confiança para espalhar mentiras sobre nós, como D. Sebastião[28], cujo principal erro foi confiar no seu tio, Rei de Castela, para lhe procurar noiva... obviamente a última pessoa no mundo a ter algum interesse que D. Sebastião tivesse sequer hipótese de ter herdeiros.

Mas, esperemos que essas pessoas, que aproveitam qualquer oportunidade para denegrir os outros, sejam uma minoria.

101

O nosso feedback deverá vir dos amigos e familiares, merecedores dessa confiança. De pessoas que estão connosco no dia a dia, que nos veem e nos conhecem. Especialmente, daquelas que já nos viram errar, e (espero) a tentar corrigir o erro.

Não é só a questão de pontos de vista diferentes nos alargarem os horizontes e ajudar-nos a perceber melhor os efeitos das nossas acções. É ajudar a evitarmos os nossos próprios erros de análise. Nós, humanos, temos tendência a contar como as coisas sucederam de um modo em que fiquemos bem vistos, ou, pelo menos, em que não sejamos uns autênticos cretinos. Fazemos isto quando contamos aos outros... e ainda mais facilmente quando somos simultaneamente o narrador e o ouvinte da nossa história, porque aí nem sequer temos alguém a questionar a sua lógica interna. acontece-me muito ao escrever. Porque só mesmo no acto de escrever, pensando que alguém vai ler, me apercebo das falhas da história que tão sucintamente tinha imaginado.

No fundo podemos pensar nos outros como um espelho nosso. Onde as nossas acções se mostram, se revelam. De nada serve imaginarmos que só cometemos boas acções se estas só causam transtornos à nossa volta. Por exemplo, sobre os políticos podemos discutir, sem chegar a qualquer resultado, se eles pensam mesmo que as suas decisões beneficiam os cidadãos, sem terem noção do transtorno que causam, ou se são totalmente indiferentes ao bem-estar dos cidadãos, preocupando-se apenas com o que lhes apetece e beneficia no momento.

É a tal questão dos equilíbrios difíceis. Por um lado, não devemos deixar que o que possam os outros pensar nos condicione em demasia; por outro, se não tomarmos em conta o modo como os outros nos veem corremos o risco de perder qualquer contacto com a realidade.

Também o modo como definimos as pessoas diz muito sobre nós próprios. Podemos ver como somos superficiais se definimos alguém que conhecemos bem pelas roupas que usa, ou alguém que acabámos de conhecer pela "atitude diante da vida e do universo; pelas suas crenças mais profundas e atitudes diante de grandes adversidades".

É claro que ,se a primeira vez que vemos alguém, essa pessoa estiver a fazer uma boa acção tendemos a ficar bem impressionados. Eu fico, quando vejo alguém praticar uma boa acção ou tomar uma atitude corajosa. Claro que, infelizmente, os políticos sabem isto... mas voltaremos a eles. Por agora falemos de como definimos as pessoas e do que tal diz sobre nós.

Se definimos as pessoas pelas roupas, cortes de cabelo, ou algo similar, significa que somos fúteis, certo? Poucas pessoas discordarão (ou terão coragem de expressar a sua discordância) neste aspecto. Contudo existem limites, existe "a realidade". Se alguém, podendo fazer de outro modo, insistir em usar roupa velha, já estragada, ou pior: suja... já começamos a pensar se tal não a identifica. Podemos chamar-lhe "preconceitos da sociedade", mas o facto, a realidade, é que certos visuais podem não ser compatíveis com certas funções, certo?

Mas, de facto, definir uma pessoa pela sua imagem... parece-nos fútil. Mas já não nos importamos tanto de definir alguém pelo cuidado que tem com a sua imagem. Porque gostamos de definir as pessoas pelo que consideramos importante. Ou seja, as atitudes: se é gentil, se é recto, se é honesto... ou se tem algum cuidado com a sua imagem!

E também medimos o modo como definimos as pessoas pela possibilidade de poderem alterar, ou não, o aspecto em causa. Se definimos alguém pela quantidade de melanina que tem na pele somos racistas... e idiotas. Se definimos alguém pela nacionalidade não somos melhores. E se definirmos pela altura?

Qual é a diferença? A diferença é os preconceitos que atribuímos. Ninguém escolhe o tom de pele com que nasce, nem o país, nem sequer a família. Mas também ninguém escolhe a altura que tem ou a cor de cabelo (embora o possa pintar). A diferença é que no primeiro grupo podemos, facilmente, atribuir a causa da definição a preconceitos. Há duas coisas que acho que é importante dizer: uma é que identificar é diferente de definir. Por exemplo, imaginemos que estou em Angola (ou qualquer país africano), se alguém perguntar "Quem é o Joaquim?", é perfeitamente natural receber uma resposta como "É aquele branquelas ali!". Provavelmente é o modo mais fácil de me identificarem num grupo.

Não tenho nada que atribuir tal identificação a preconceitos. A menos que a pergunta "Quem é o Joaquim?" fosse no sentido de quem é, como pessoa. Aí usarem a minha quantidade, ou falta dela, de melanina na pele para me definir... é racista e abusivo. Racista porque parte do pressuposto, errado, que a quantidade de melanina tem grande influência no comportamento das pessoas. Abusivo porque não é isso que me define. Espero que seja muito mais que isso! Que eu seja definido, acima de tudo, pelas minhas atitudes.

A segunda coisa que considero importante referir neste capítulo é a tendência actual de "políticas de identidade". No fundo, políticas racistas desenvolvidas sob o nome de antirracistas. Racismo, como as acções, é sempre racismo. É pensar que as pessoas se definem pela cor da sua pele. As intenções de quem o faz não são importantes. Não servem de desculpa. Não há racismo "para compensar". Dois males nunca fizeram um bem.

E este eixo, do que as pessoas podem ou não mudar, tem também limites interessantes. Uma amiga certa vez confidenciou-me que o seu pai tinha uma série de problemas de índole psiquiátrica. Traços de paranoia, um toque antissocial... não me recordo bem. Mas no dia seguinte, quando me comentou "O meu pai é má pessoa", eu respondi "Não, o teu pai tem aqueles problemas todos que disseste ontem!", quer dizer, algo neste sentido, creio que os enumerei! Retorquiu-me apenas "Uma pessoa boa não faz o que o meu pai fez".

Voltaremos a este tema: se as pessoas podem, ou não,

mudar o seu comportamento. Se o facto de ter problemas mentais iliba a pessoa de ter *culpa*, ou, melhor dizendo, de ser má. Em certo sentido cremos sempre que é possível as pessoas mudarem o seu comportamento, o que talvez não seja bem verdade. Contudo, deixará uma pessoa de ser má apenas porque não o pode mudar? Ou, de um ponto de vista mais prático: devemos nós sujeitarmo-nos a maus tratos apenas porque a outra pessoa não pode mudar? Penso que não. Que não interessa se o outro tem *culpa*... nós é que não teremos com certeza. E não vem bem nenhum ao Mundo se permitirmos a alguém fazer-nos mal.

Temos então estes dois eixos: do mais supérfluo (aspecto físico, roupas) até ao mais sério (atitudes, comportamentos) – claro que o que é sério ou supérfluo varia de pessoa para pessoa. E o eixo da capacidade de mudança: desde o mais fácil, como lavar a cara ou tomar banho, até ao impossível como altura, cor da pele, com os comportamentos algures pelo meio.

Em boa medida, é nos equilíbrios que encontramos nestes dois eixos para definir os outros que definimos grande parte do que somos, daquilo a que prestamos atenção. É mais fácil ver os defeitos nos outros e só podemos corrigir os defeitos que vemos. Ao vermos nos outros podemos pensar se não teremos também nós esses defeitos. E assim talvez até corrigi-los! Se definirmos as pessoas pelo carácter, será também esse que tentaremos corrigir, melhorar, em nós próprios... espera-se. Tal será o mais sensato, mas sabemos que há quem só veja defeitos nos outros, usando-os mesmo para encobrir os próprios!

Assim se percebe porque anda tanta gente preocupada com o seu cabelo: porque é a única coisa que reparam nos outros. E, por isso, gastam mais em produtos para o cabelo que em livros! Ou mesmo mais que em chocolates. Inconcebível!

Mas, acima de tudo, acabamos por definir as pessoas pelo seu papel na nossa vida. De facto, como posso definir um mongol que nunca tenha conhecido, de quem nunca tenha ouvido sequer falar? E se tivesse ouvido falar? Seria suficiente para o criticar? Para decidir se gosto ou não dele? Quando vejo nas redes sociais o modo como se falam de políticos, muitas vezes estrangeiros, sem recurso a factos ou a atitudes... fico a pensar que a maior sabedoria do Antigo Testamento são os consecutivos avisos sobre os perigos de se participar na má língua...

No fundo, as pessoas definem-nos de todas as maneiras importantes. Tanto pelo modo como as vemos, como pelo modo como nos veem. Mas, acima de tudo, pelo modo como as tratamos. E pela sua proximidade.

FAMÍLIA E AMIGOS

Jesus disse: "Quem tiver pai, mãe, mulher ou marido, irmãos ou irmãs, filhos ou filhas, não é digno de ser meu discípulo"[29]. Esta passagem está muitas vezes traduzida como "Quem não odiar..." – o que leva a que seja das frases atribuídas a Jesus menos queridas. Mas, de facto, o verbo original, em aramaico, significava apenas 'desprendimento total' e não 'querer mal', mas mesmo assim muitas pessoas torcerão o nariz a esta ideia. Então, não devemos respeito e amor aos nossos pais? E cônjuge? E irmãos e irmãs? E filhos? Sim, devemos. Mas já vimos que para um cristão o amor não pede nada, não implica posse nem direitos. No fundo, implica desprendimento.

Claro que há quem nasça sem família, ou quem não goste da que tem. Mas esta frase parte do princípio que se tem ou que se criou a própria família – nem sempre implica laços de sangue, aliás no caso do cônjuge de preferência não haverá laços de sangue... Esta frase diz simplesmente que devemos ser desprendidos mesmo das pessoas que nos são mais queridas. Daquelas que crescemos a pensar que estarão sempre connosco, que nos apoiarão sempre, que nunca nos deixarão ficar mal. Quer tenhamos laços de sangue, quer sejam amigos próximos.

Mas a verdade é que, é uma questão estatística, deixarão. Podem ser coisas mais ou menos graves, mas não há pessoas perfeitas, por isso, se estivermos com alguém tempo suficiente, essa pessoa falhará. No caso da família, tal parece-nos mais grave, porque são pessoas mais próximas, que nos magoam mais. Porque cresceram connosco ou, pior, porque tinham a obrigação de nos proteger e guiar. Ou porque foram criados e cuidados por nós. Ou, ainda, porque as outras pessoas podem dizer "são farinha do mesmo saco" e sentimos que somos julgados também pelas escolhas dos nossos familiares. E porque esperávamos mais. E, portanto, aqui estamos, de volta ao amor, ao nada esperar. Sim, mesmo pessoas da nossa família.

Este desprendimento, será mais fácil com amigos que com familiares. Afinal de contas, um irmão será sempre um irmão, por mais que nos afastemos. Já um amigo... podemos afastar-nos. Pelo menos, até entendermos o que terá acontecido. E, quantas vezes, não teremos mais facilidade em perdoar aos amigos que aos familiares... Mas penso que tudo o que digo aqui tanto serve para a família como para amigos chegados. Ou, como algumas pessoas dizem, para os amigos com A grande... embora no princípio das frases todos o tenham.

Assim, voltando à frase, que tanta gente detesta, apenas significa que devemos amar a nossa família. E pode ser interpretada em duas vertentes: primeira, que a nossa família não é coisa nossa, não é propriedade. Não nos cabe decidir pela nossa família, por melhores que sejam as nossas intenções. Nem sequer no caso dos filhos... embora aí o assunto se complique – por isso têm os filhos direito a um capítulo especial. O que teremos de nos lembrar é que, não só cada pessoa é responsável pelas suas próprias opções, como o facto de poderem escolher é muito mais importante do que a dor que nos podem causar. A nossa dor, afinal de contas, nem devia importar.

A segunda vertente diz respeito a não nos deixarmos arrastar. Não nos deixarmos arrastar pelos erros dos outros. A nossa obrigação não é apoiar alguém incondicionalmente, por mais bonita que esta frase pareça. Se alguém próximo de nós erra, temos muitas vezes a tentação de cometermos também um erro, para minorarmos o erro original, para que pareça menos mau. Ou de mentirmos para negarmos o erro da pessoa querida, apresentar argumentos, muitas vezes falsos, para justificar as suas acções; ou mesmo errar com ela. A lei, na maioria dos países, reconhece esta nossa fraqueza, não obrigando familiares próximos a depor contra os seus entes queridos.

A nossa obrigação perante alguém querido que cometa um erro não é tentar esconder o erro. O nosso apoio não deve ser para persistir no erro, muito menos para agravá-lo com mais erros – quantas vezes o que fazemos para tentar esconder um erro não é pior que o próprio erro inicial? O nosso apoio deve ser perdoar, esperar arrependimento, e, se possível, ajudar a esse arrependimento.

Note-se que não digo que os valores, ou as ideias, estejam acima das pessoas, uma ideia perigosa como veremos! As pessoas são mais importantes que as ideias ou as instituições... e também muito mais importantes que o orgulho ou o "não passar vergonha". Mas é, justamente, por serem tão importantes que não devemos ser cúmplices no erro. Não devemos com a nossa cumplicidade agravar o seu erro.

Uma nota final sobre a família: não são obrigados a gostar. Os meus filhos já passaram a fase pior, em que os irmãos embirram uns com os outros, tornando o convívio diário mais complicado. Mas sempre lhes disse, e aproveito para recordar, que não são obrigados a gostar uns dos outros, apenas a viver juntos e, portanto, a respeitarem-se. Não se é obrigado a gostar de um irmão, um tio ou mesmo um pai ou uma mãe. Mas, muitas vezes, é-se obrigado a viver na mesma casa. Deve-se aprender a respeitar o espaço de cada um. Devemos conseguir conviver com pessoas de quem não se gosta. E, na medida das nossas capacidades, tornar esse convívio o mais agradável e proveitoso possível... o que não significa obrigatoriamente prolongá-lo mais que o necessário! Mas, de qualquer forma, o primeiro passo para o amor é sempre o respeito, portanto comece-se por aí.

Claro que eu, sendo cristão, sinto o dever de amar a todos. E ainda hoje sinto algum orgulho quando uma amiga minha, que conheci na universidade por 2005, me diz ao ver alguém de quem *nós não gostamos* "Então, Joaquim, já estamos a pecar?". Orgulho, porque significa que lhe ficou algo da necessidade de amar os outros como são, de os aceitar. Orgulho, porque gosto de pensar que vê um pouco disso em mim.

Mas, como já disse, não tenho a pretensão de ser perfeito. E, acima de tudo, Amar não é gostar. Podemos, e devemos, amar uma pessoa aborrecida... mas teríamos de ser masoquistas para gostar da sua longa atenção. Mas sim, por vezes podemos pôr o bem-estar de alguém acima do nosso. Pensar: não me apetece estar com a tia, mas, de vez em quando devo estar. E sabem? Muitas vezes aprendemos coisas importantes, mesmo ao ouvir pessoas aborrecidas. Mais não seja sobre nós próprios e a nossa capacidade de ter paciência. Outras vezes, aprendemos que o chão tem 244 mosaicos.

O AMOR ROMÂNTICO

A quela frase "Hás de encontrar a pessoa certa!" enerva-me um bocado. Tenho a tendência de ver a vida como uma história, e nesse sentido todas as pessoas são certas; todas passaram a fazer parte da nossa vida e da nossa aprendizagem. Mas o que me enerva não é isso: é a aparente convicção que haverá alguém com quem encaixemos de modo tão perfeito que tudo será fácil. A história de haver alguém assim, uma pessoa predestinada, ou alguém *perfeito* parece-me mais uma desculpa – "Não era a pessoa certa." – para os nossos fracassos que uma tese aproveitável.

É muito mais útil imaginarmos como seria o Mundo se todos fossem como nós. Seria um local mais agradável? E claro, mais concretamente, se a tal pessoa especial tivesse as mesmas atitudes que eu, gostaria dela? Sentir-me-ia bem com ela?

Considero extremamente útil a seguinte pergunta: "Se o outro fizer como eu, estaremos os dois bem?". Não apenas para avaliarmos o nosso comportamento numa relação, mas em tudo. Até no trânsito. Se passamos num local estreito e com pouca visibilidade, imaginemos que vem um carro em sentido contrário à mesma velocidade que nós, conseguimos travar em segurança? Se o meu colega de trabalho tiver a mesma atitude que eu... formamos uma boa equipe? Se o meu parceiro, a pessoa com quem quero passar o resto da minha vida, tiver as mesmas atitudes que eu... fico feliz ou incomodado?

Sabem que tenho esta mania, certo? De pensar que o que se aplica às finanças também se pode aplicar ao trânsito, ao romance... ou vice-versa. Portanto aqui seguem dois conselhos que se costumam dar sobre finanças.

Não comprar o que não se quer manter. Sejam acções, sejam terrenos... sejam bolbos de tulipa[30]! Comprar algo que não se quer, apenas porque se pensa que se poderá vender em breve mais caro, é caminho seguro para se entrar numa bolha especulativa. E, normalmente, no pior momento! Quando comprarem algo não pensem que certamente irá subir, que em breve poderão vender com lucro, pensem antes: se os mercados fechassem amanhã, "para sempre", eu teria ficado satisfeito com a minha compra?

O mesmo, claro, se aplica aos nossos interesses românticos. Temos, bem, a maioria das pessoas tem, este desejo de encontrar alguém, de *ter* alguém (por mais que me desagrade a possessividade da expressão). E, muitas vezes, não pensamos no futuro. Eu creio que todos, ou pelo menos a maioria, já tivemos uma namorada, ou namorado, com quem não nos imaginávamos a passar o resto dos seus dias. Embora pudesse ser claro uma pessoa agradável e mesmo boa pessoa. Olhem... que posso eu dizer? Evitem-no. Porque, por mais correctos que tentem ser, é fácil induzir essa pessoa em erro; para não falar em nós próprios. E porque, além disso, podem acabar mesmo por ficar. Acontece, sabem? Ou ficar tanto tempo que é quase como se fosse para sempre – e não se deve passar a vida com quem não queremos realmente.

Outro conselho que se costuma dar em negócios é aquele que se algo parece ser bom demais para ser verdade, é porque muito provavelmente é mesmo. Isto significa que se uma oportunidade de negócio parece boa demais, é porque há algo que não bate certo. Ou a pessoa que vos propõe o negócio não sabe planear e só vê facilidades; ou simplesmente vos está a enganar.

É um bom conselho para evitar burlões.

Se alguém parece maravilhoso demais, que vos adora como tudo, que partilhe de todos os vossos valores e gostos... fujam. Não, fujam mesmo. Alguém que tem *exactamente* os vossos pontos de vista, as vossas opiniões... é alguém que se está a promover. E podemos não saber o que se passa com aquela pessoa para precisar tanto de se promover. Mas seguramente não é bom.

Pode não ser fácil. Distinguir alguém que partilhe dos vossos valores, o que é bom, de alguém que se promova, aprovando todos os nossos pontos de vista, ou, quanto muito, sendo mais papista que o papa (ou seja: levar os nossos argumentos, as nossas opiniões, um pouco mais além que nós próprios). Mas é bom que aprendam, porque é como a diferença entre carne maturada e carne podre. Adiante falaremos disso mais um pouco.

Voltando ao tema, sabem do que as pessoas gostam mesmo? É de histórias de amor. Como o conheceste? O como aconteceu precede muito o como é. Já falámos de como as pessoas se prendem emocionalmente a uma conclusão "racional". Imaginem então como ficam presas a uma história de amor. Normalmente, é bom que nos sintamos presos a essa história e, por consequência, a essa pessoa. O problema é que às vezes baralhamos. Percebemos que o que é, agora, não nos agrada; mas continuamos a querer fazer parte da linda história de amor que contámos a nós mesmos (ou que nos contam).

Acontece, gostarmos mais da história que da pessoa. Acontece termos uma história linda, com uma pessoa que não nos diz nada, ou não termos história com uma pessoa com quem partilhamos muito, da nossa vida e dos nossos valores. Acontece a história ser a única coisa que se aproveite! É importante recordar-nos que essa história... é apenas uma história. E que uma história aborrecida e enfadonha de se ouvir ou ler poderá ser a história onde os personagens são mais felizes.

Mas, por outro lado, não posso aconselhar ninguém a re-signar-se! O romance não deve ser algo tépido. Uma coisa é uma calma feliz, como um dia de férias no campo, em criança. Outra coisa é um descanso adormecido, como um dia no sofá. Romance tem sempre de ter chama, algo que nos faça despertar a sorrir de manhã (o que normalmente não só é impossível como enervante!), algo que nos faça sentir vivos, só porque sim. Tive uma namorada que uma vez se queixou: nós nunca discutimos! E a moça tinha razão. Não discutir é bom, é agradável. Mas *nunca* discutir acaba por significar desinteresse. Que falta ali alguma coisa, falta um querer, no fundo significa que não é importante para nós. Normalmente vemos discutir como algo mau, mas discutir não é mau em si, há é formas más de se discutir. E é preciso querer, é preciso algo ser importante, para se discutir. Senão apenas deixamos andar.

Ainda por outro lado, sabem aquela frase "não se manda nos sentimentos"? Esqueçam-na. Claro que um humano normal não tem controlo absoluto sobre os seus sentimentos. Contudo, penso que tem alguma capacidade de os orientar, de manter viva a paixão. De não deixar cair tudo numa simples rotina. E também de não permitir que o nosso coração dispare na direc-ção errada. Que crie um sentimento tal que sintamos que não podemos voltar atrás (podemos sempre). Quando algo assim acontece, uma pessoa desenvolver sentimentos por uma ter-ceira pessoa, há sempre quem diga que tal sucedeu porque algo estava mal na relação, porque faltava algo. Talvez, não digo que seja mentira absoluta. Mas houve sempre o momento em que uma pessoa decidiu deixar esses sentimentos crescerem, fosse por achar que seriam impossíveis, fosse por simples tédio. Houve um momento em que a pessoa preferiu algo ao compro-misso que tinha assumido.

E é importante lembrar que esse compromisso nada tem de resignação. É importante que se entenda isto. Resignação é aceitar algo que não desejávamos verdadeiramente. Compro-misso é assumirmos a responsabilidade das nossas escolhas, feitas livremente. Resignação implica alguma desistência (nem sempre é mau, no mundo há coisas com que temos mesmo de nos resignar), enquanto compromisso significa exactamente não desistir. Neste caso, não desistir de manter uma relação viva e saudável, a relação que escolhemos.

O que ajuda a manter uma relação viva são os pequenos gestos. É olhar para a pessoa amada e reparar como é bonita (ou como a achamos bonita, se quiserem ser honestos). É recordar-nos do sentido que essa pessoa dá à nossa vida, sim, aqui entramos um pouco na questão da história, mas o importante é querer continuar a escrevê-la!

O olhar é muito importante. Penso que todos os casais deviam fazer um exercício: ficarem uns minutos a olhar um para o outro, sem falarem. Ponham o temporizador para oito minutos no telemóvel e não pensem mais nisso; apenas olhem um para o outro, pelo menos até o telemóvel apitar, ninguém os obriga a parar. Esquecemos que somos animais, mais precisamente mamíferos. A fala é apenas uma pequena parte da nossa comunicação. A mais importante, dizem alguns, é a corporal, a silenciosa. Devemos dar-lhe uma oportunidade, pelo menos de vez em quando.

Talvez a maioria das pessoas vos aconselhe a procurarem alguém parecido convosco, que partilhe dos mesmos valores. E, sim, não é um mau conselho. Contudo penso que o mais importante é alguém com quem possam crescer. E olhem que se pode crescer até muito tarde... pelo menos é a minha esperança! E, penso eu, da Sofia, quando olha para mim...

Alguém que vos faça crescer também. Não chega partilharem os mesmos valores, têm de ter disponibilidade para os analisar em conjunto. A juntar ao exercício do olhar talvez se possa juntar o exercício de conversar sobre o que é importante na vida, onde querem estar daqui a dez anos, como querem ser. Se não fosse presunçoso diria para lerem este livro em conjunto, ao mesmo tempo, para debaterem e rirem dos disparates que digo.

É assim que se faz publicidade! Só que, agora que penso nisso, devia ter dito isto logo no início do livro, não era?

Alguém com quem gostem de estar. Com quem gostem de discutir o Universo, o sentido da vida, quem somos e para onde vamos... mas também com quem riam. Com quem gostem de ver uma série, mesmo que não seja a vossa vez de escolherem. Alguém de quem gostem de cuidar. E em quem confiem para cuidar de vós. Alguém de quem tenham orgulho. Não apenas de serem vistos com essa pessoa, mas de quem essa pessoa é. Do que vos diz e de como vos transforma. Alguém que vos faça sentir sortudos. Alguém que vos afague as dores. Alguém, no fundo, que vos dê sempre vontade de ir para casa. Alguém com quem tenham sempre vontade de estar e de ser! Bem, sempre, sempre... também não vou dizer, todos temos direito a ter os nossos momentos. Ocasiões em que queremos estar sozinhos. Alturas em que estamos tristes ou magoados, com ou sem razão, com a outra pessoa. Alguém que respeite estes nossos momentos. Mas também alguém que não vos dê muitas razões para estarem magoados. Alguém que vos dê vontade de ultrapassar esses momentos.

Como se vê não acredito em almas-gêmeas, mas com um crivo destes vai dar quase ao mesmo.... parece! Parece, mas não é! Se repararem bem estou, essencialmente, a falar dss vossos comportamentos. Atitude e vontade, que se misturam. Podem gostar de estar e ter a atitude de gostar de estar. Creio que teremos mais possibilidades de ser felizes com as atitudes correctas, mesmo que não seja a "pessoa certa" (desde que não seja mesmo errada); do que com a "pessoa certa", mas com atitudes menos boas.

E quais são essas atitudes certas ou erradas? Era bom, não era? Que viéssemos com um livrito, um manual, que nos dissesse quais são as atitudes correctas e quais são erradas. E na verdade a maioria das pessoas vem com algo semelhante. Não um sistema infalível, mas temos uma parte do cérebro dedicada a analisar as consequências éticas das nossas acções. O que já ajuda bastante.

Bem, para começar tudo o que dissemos sobre o amor continua válido, claro. Sem amor nada vale a pena. O tal amor que é benigno, que nada espera e que tudo aceita. Que se revela numa amizade sincera e num querer bem que ultrapassa a própria vontade de estar com essa pessoa. Que impeça o sentimento de posse...

E por falar em sentimentos de posse, ou ciúmes, ou talvez pior: vontade de controlar[31]. Essa parte... dava um livro. Mas vou-me tentar restringir ao que considero realmente essencial. Primeiro que somos mamíferos e somos humanos. Sentiremos ciúmes, teremos vontade de controlar alguém. Algumas pessoas até podem dizer que algum ciúme não só é natural, como até é bom... bem... talvez um pouco como discutir!

Bom não será. Mas a parte realmente importante é que é muito diferente sentir, de agir. Se alguém sentir muito ciúme, mas não agir... é apenas ele que sofre, ao menos não incomoda ninguém! Mas, claro, devemos compreender que se sentimos (mais que muito esporadicamente) ciúme ou vontade de controlar alguém, é porque não confiamos nessa pessoa. E, seguramente, ter uma relação com alguém em quem não confiamos não compensa. Não é agradável. Ainda por cima não havendo prova negativa[32] os ciúmes nunca encontrarão uma resposta que os satisfaça.

Tentar obter uma resposta dessas... é tão triste quanto infrutífero. Para algumas pessoas pode tornar-se uma obsessão, que só terminará um dia que tenham razão. E não serão poucos os casos em que essa própria busca da resposta deu um contributo para acabar por terem razão. Mais vale dedicarem-se à busca do Big Foot. Que além de ser mais interessante, se um dia tiverem razão, será algo fantástico. E não algo triste e sórdido.

Portanto, aconselho a atitude oposta: mesmo que vos

passe pela cabeça que podem ter razão, não liguem. Não procurem. Aproveitem o tempo em actividades mais produtivas; como estar com aquela pessoa e tentar fazê-la feliz. Se "tiverem razão" acabarão por encontrar a resposta... e mesmo que sejam os últimos a saber pouca diferença fará.

Acima de tudo, lembrem-se que para a grande maioria dos humanos ser feliz inclui cuidar de alguém, fazer alguém feliz. Seja com uma atitude generosa, de passagem por um estranho; seja num compromisso sério entre duas pessoas, como:

O CASAMENTO

Muitas pessoas dir-vos-ão que o casamento é um contracto, e não vale a pena discutir com elas. O casamento é, de facto, um contracto. Aliás alguns autores de ficção-científica (e agora não só eles) sugerem a ideia de casamentos com prazo de duração, como um contracto de arrendamento ou de trabalho, aliás, com a facilidade de hoje em conseguir-se o divórcio algumas pessoas até podem dizer que é um contracto com termo incerto[33].

De facto, o casamento é um contracto. No mesmo sentido em que o DeLorean DMC-12, do filme Regresso ao Futuro, é um carro. Sendo um carro é muito mais que isso: é uma máquina do tempo!

Não! O casamento não é uma máquina do tempo!! Mas é muito mais que um contracto. Num contracto, existem deveres e direitos. Existe sempre a possibilidade de não se cumprir e hoje são raras as pessoas que valorizam a sua palavra. Parece que a maioria das pessoas, reais ou jurídicas, toma a decisão de cumprir ou não os contractos com base numa simples análise de custos e benefícios, sem se preocupar com o impacto que tal terá no outro, pelo que é correcto ou pelo valor da sua palavra.

Um casamento *a sério* não depende se é feito na Igreja ou não – não queremos entrar em questões formais e religiosas – e, muito menos, depende de um papel. Um casamento *a sério* é uma decisão irrevogável no coração. Uma decisão racional, um compromisso não só sincero como verdadeiro. Nosso. De estar, de ser, com aquela pessoa; independentemente das circunstâncias. Em certo sentido, é o reverso de uma máquina do tempo: toma-se agora a decisão de se amar quem a outra pessoa se vai tornando ao longo do tempo. Não sabemos, mas prometemos.

É o nosso compromisso, nosso, não o do outro. Em certo sentido quem casa, casa sozinho. Porque somos nós que assumimos esse compromisso, não o outro com quem nós casamos. Somos responsáveis por o manter enquanto nos for humanamente possível. E essa medida do humanamente possível... se Deus quiser nunca a saberão.

Porque casar é tornar família. Embora haja famílias desavindas. Aliás, são suficientes, não é preciso criar mais. Até estava para começar este capítulo dizendo "Eis finalmente um assunto em que tenho experiência comprovada!". Mas seria uma piada idiota. E de mau gosto. O final de um casamento nunca é bom, especialmente quando há filhos. Em muitos casos pode ser a melhor solução, certo, mas, muitas vezes, o melhor está longe de ser bom.

Não tiro satisfação dos meus casamentos falhados. Mas ao menos não sinto o peso de não ter cumprido o meu compromisso. Falhei, claro. Não fui, ninguém é, o marido perfeito. Sabem... muitas vezes gostamos de julgar os outros e dizer: "eu nunca faria isso". Quando digo que não sinto o peso de ter falhado... digo-o com alívio. Porque a verdade é que não sei. Não sei se numa situação diferente, numa história diferente, não sei como reagiria. Mas felizmente, ou afortunadamente, mantive o meu compromisso não só enquanto me foi humanamente possível, como até ao ponto de alguém dizer que não quer. E esse é o limite que não se pode ultrapassar. Não se pode obrigar ninguém. Nunca.

Quando casamos tornamos alguém na pessoa mais importante da nossa vida. Mas, atenção, não no mais importante da nossa vida, já vimos isso. Embora pense que o mais importante são as pessoas, esta distinção é extremamente importante. Sabem porquê?

Bem, havia uma série de selos, do tempo da monarquia, que tinham a seguinte inscrição "Deus, Pátria, Rei"; esta série foi recuperada pelo Estado Novo com a seguinte adaptação "Deus, Pátria, Família"[34]. A ordem das palavras, como devem calcular, não é aleatória. É a ordem da sua importância. No fundo, uma recordação da nossa lealdade. E porque falo disto aqui? Porque há uma expressão, na Bíblia, que diz: "só podes servir a um Senhor". Normalmente, é entendida como não podes servir o dinheiro e o Senhor.

Mas o sentido é mais lato, e significa que lealdade, absoluta, apenas podemos ter a uma única coisa ou pessoa. No fundo a lealdade tem, de facto, uma hierarquia. É um pensamento estranho, não é? Embora seja, justamente por isso, que muita gente diz que não se pode ser amigo de todos. Se eu sou amigo da Laura e da Lurdes e elas se zangam, não terei de tomar partido? Ou seja: ou serei amigo de Laura ou de Lurdes, certo?

Errado. É por isso que aparece Deus em primeiro. A nossa lealdade deve ser primeiro a Deus, à verdade e à harmonia, ao que é correcto. Assim, o meu papel na zanga da Lurdes e da Laura não deve ser tomar um partido, muito menos atacar uma delas – a defesa de alguém nunca necessita do ataque a uma terceira pessoa. O nosso papel, nesse caso, deve ser, pelo menos tentar ser apaziguador; de nos mantermos, na medida do possível fiéis à verdade e a nós mesmos. Mesmo que sejamos casados com uma delas, devemos esforçar-nos por nos mantermos fiéis à verdade. Sei, por experiência própria, que não é fácil.

Quanto ao facto de a pátria estar antes da família convém esclarecer uma coisa. Ser fiel ao país não significa estar disposto a ir a correr matar quem os nossos políticos disserem! Pátria é o local onde as famílias vivem. Ao dar-lhe prioridade estamos, no fundo, a dizer que mais importante que a nossa família concreta é haver um local para as famílias viverem. Um polícia, quando sai para trabalhar, se for honesto, está a pôr a pátria à frente da sua família. Está a arriscar a vida, o que prejudicaria a sua família, para todas terem um local para viverem, incluindo a sua.

Mas sabem? Se por acaso puserem a vossa família à frente da pátria, ninguém vos poderá julgar severamente. Mas quando pomos alguma coisa acima da nossa imagem de Deus, nós próprios julgamo-nos. Notem que não é preciso alguém ser *realmente maléfico* para vos afastar do que é mais correcto. É apenas humano, é apenas natural. Alguém *realmente maléfico* apenas vos fará passar esse limite o mais constantemente possível... sempre por um monte de razões e, claro, com boas intenções. Portanto, ao menos, lembrem-se dos selos de Salazar ou lembrem-se que só se pode servir um Senhor. Assim, quando falharem, depois, poderão ver onde estava o erro. Não é agradável, eu sei. Mas, acreditem, quando se erra é melhor saber onde.

Bem... agora que já vos tirei o casamento da cabeça talvez seja altura de falar nas alegrias do casamento!

Passemos então ao capítulo seguinte, sobre os filhos.

A brincar, mas a verdade é que muita gente fica silenciosa, quando lhes perguntamos quais as alegrias do casamento. Mas a verdade é que deve haver... porque vê-se muitas pessoas a casar! Sabem? A nossa percepção da nossa própria história muda, com o tempo, com o que aconteceu depois. Mas a verdade é que, embora me possa custar admitir, fui... *humanamente feliz,* durante os meus doze anos de casamento. Creio que o problema em se explicar as alegrias do casamento é que normalmente não são assim tão óbvias, não são fáceis.

Mas, normalmente, existe uma relação entre o esforço que colocamos em algo e o gosto, a alegria e mesmo a felicidade que daí retiramos. Até construir um modelo de um barco, de um avião ou de um carro, é totalmente diferente de simplesmente comprar um modelo. Estamos a falar de um pequeno modelo, algo sem qualquer interesse, eu sei. Só que o comprado... é apenas um objecto – e normalmente um objecto que as senhoras só acham engraçado na casa das outras. Se feito por nós, tem a história de como o fizemos, está ligado a nós. É quase parte de nós.... embora, claro, a nossa senhora, muito provavelmente, continue a pensar que ficaria melhor na arrecadação, no sótão ou na garagem.

O casamento deve ser, além de um compromisso irrevogável (na medida do humanamente possível), o início de uma família. Não é obrigatório filhos, claro. Algumas vezes é mesmo impossível. Mas criar um lar, um lar onde filhos sejam, ou seriam, bem-vindos – é parte da definição de lar, esta decisão de acolher quem ainda não se conhece. Mas os filhos trazem alegrias muito próprias. Como mudar fraldas, noites mal dormidas, preocupações... bem, isso fica para o próximo capítulo. Por agora, lembrem-se que faz parte da felicidade humana cuidar. No casamento, cuidar um do outro. E que, quanto melhor o fizerem, mais fácil será.

Por vezes, conhecemos alguém e sentimos uma ligação muito forte, instantânea. E isso é maravilhoso, sem dúvida. Mas o casamento... o casamento ensina-nos o valor de uma ligação duradoura, de realmente conhecermos alguém. Porque nunca conhecemos verdadeiramente ninguém, nem mesmo a nós próprios: com sorte nunca saberemos como reagiríamos em certas situações, como, por exemplo, em combate, debaixo de fogo. O casamento dá-nos a possibilidade de começar a conhecer alguém, ao ver como essa pessoa reage diante dos acontecimentos da nossa vida, e de nos irmos conhecendo a nós próprios.

Muitas pessoas pensam que num longo casamento o romance se vai perdendo. Talvez aconteça, mas não é suposto. Nós humanos, como diz Tolkien na introdução d'*O Hobbit*, gostamos do que conhecemos. Se se perde o romance é porque deixámos. Deixámos de procurar conhecer, deixámos de cuidar e de nos interessarmos. Não deixem. Não deixem de querer conhecer, de ansiar por mais um dia na companhia de quem escolheram.

Num casamento, não deveria haver custos. Aliás, penso que se derem convosco a pensarem muito nos custos mais vale não casarem! Mas, claro, na realidade há sempre custos. Há o custo da oportunidade, o que se poderia estar a fazer. A impossibilidade de se fazer loucuras, como ir a pé até à India. E haverá sempre os dias em que custará mais. Os dias em que estaremos com menos paciência, menos vontade. Mas quanto mais se esforçarem, todos os dias, para compreenderem aquela pessoa, para se lembrarem que agora são família; mais fácil será continuarem a fazê-lo.

E embora a minha experiência, por enquanto, possa ser diminuta, posso-vos garantir que é importante. Para o equilíbrio e saúde mental. Essa estabilidade, essa ancora. Esse sentimento de pertença, a família. A começar, claro, pelo cônjuge.

Lembram-se de ter dito que algumas pessoas se sujeitam anos a fio a maus-tratos? Que em vez de verem o padrão, veem dois? O verdadeiro que as faz sofrer, e o falso, que lhes dá sempre mais um pouco de esperança. Porque pensam que viram algo de bom ali e acham que é sua missão trazer essa parte boa à tona. Não é, a sua missão é fugir e preservar-se. Já a minha, aqui, é dizer-vos que, se há maus tratos, não há parte boa. Sinto muito.

Muitas vezes, os maus-tratos notam-se pelo desconforto – a menos que se notem antes por métodos mais directos. O desconforto de ser levado a fazer coisas que não queremos, por mais motivos, por mais razões que possam haver para as fazer *parecer* as opções certas.

É, nessa altura, que é importante lembrar-se do *enquanto for humanamente possível*. É nesta altura que se devem lembrar que não podem ser cúmplices de quem vos maltrata. E que, muitas vezes, basta ficar para o serem.

FILHOS

Pensei que este capítulo iria ser muito complicado. O que mais dizer aos meus filhos além disto tudo? Quase que tive pena deles! Já lhes disse tanta coisa... pior, só se começasse a falar deles!! Até que percebi que não é para falar dos meus filhos, mas dos filhos deles! Os meus netos. Os meus, se Deus quiser, futuros netos. Estou ansioso.

Não, não estou ansioso por mudar fraldas ou por ter um miúdo, provavelmente fungoso, a chamar-me avô. Sou muito novo. Serei sempre – pelo menos até comprar um espelho ou subir umas escadas... Não. Estou ansioso é que os meus filhos percebam! Sempre ouvi a minha Mãe a dizer: quando tiver filhos vai entender! E nessa altura faz como quiser; creio que dizia esta segunda parte, especialmente aos mais velhos... sim, já entendi muita coisa que não entendia; só não fiz foi bem como queria... e agora, meus filhos, será a vossa vez de entenderem. Eu lá estarei para sorrir do vosso ar confuso. E vê-los a não fazerem como queriam, como diziam que queriam e fariam.

Sim, pode ser segredo, mas eu digo: é, por isso, que todos os pais e mães ficam ansiosos por serem avós. Não é por se tornarem avós. É por os filhos, finalmente, se tornarem pais e perceberem. Perceberem e ficarem, finalmente, mais parecidos com os pais. Ser avô, em certo sentido, é ter o direito de estar em sintonia com os próprios filhos. Finalmente o raio dos miúdos[35] percebem.

E percebem o quê? O que é amor incondicional e a aflição que isso é. O momento em que pegamos no nosso primeiro filho é único e acompanha-nos para sempre. Os outros? Ahhh... os outros é apenas mais do mesmo[36]! Mas essa sensação... Bem, estou a falar do ponto de vista de um homem. Do ponto de vista de uma mãe creio que o filho já existe há meses, desde que soube, ou talvez mesmo antes! Sente-o dentro de si. Não posso imaginar o que tal será. Mas sei que o filho é real, sentido (como não poderia ser? Aquele peso todo!!), imaginado e vivido muito antes do nascimento.

Já do ponto de vista do homem o filho surge só nesse momento. Claro que sabia. Claro que podia imaginar e sentir os pontapés. Mas uma coisa é saber, outra é tornar-se real. É como estarmos a nadar no oceano, sabermos que há tubarões... e de repente sentimos a nossa perna ser arrancada. Bem... deve ser, mais ou menos, isso. Não sei, nunca nadei com tubarões... Só que é bom. E não é doloroso. Claro que mesmo que fosse não teríamos lata de o dizer, muito menos a quem o acabou de ter!

Mas é realmente uma mudança total. Estudos indicam que o cérebro das mulheres muda, fisicamente, quando se tornam mães. O dos homens parece que não. Talvez ainda seja necessário que sejamos tontos e dispensáveis. As mães não, ninguém deve dispensar uma mãe. Nunca.

Claro que há histórias complicadas. Mães, ou pais, que "não sentem". E tal chega para gerar pânico. A verdade é que se gera pânico é, geralmente, porque não havia necessidade. Há também a depressão pós-parto, já ouviram falar? Pessoas pensam que é o sentimento de vazio que às vezes assola uma mãe logo depois de dar à luz. É natural: está assustada (especialmente se for o primeiro), sem saber se tem capacidade, dorida e cansada. E, as mães não gostarão de admitir isto, mas o bebé acabou de dar o primeiro passo para a sua independência. Mas a verdadeira depressão pós-parto não é isso. É depois, uns três meses depois. O medo, de não se ser capaz, continua. O cansaço aumentou. A vida idílica, a alegria, que se imaginou que seria ter um bebé, um filho ou filha, está estilhaçada: por noites mal dormidas, por mil e um problemas. Algumas vezes, nem sentem ainda o amor maternal que todos dizem que sentimos naturalmente desde o primeiro dia.

Mas a verdade é que a grande maioria das mães já passou por isso. Por dias em que tudo parecia impossível. Pela sensação de não se "amar" os filhos como "é suposto". A verdade é que ninguém sabe o que é suposto. Ninguém sabe como alguém ama os filhos e, seguramente, já muitos amaram quando a todos os outros parecia que não; enquanto noutros casos, em que pareciam amar imenso... não amaram quando os filhos mais precisaram. O importante é saber que a vida nunca mais será a mesma. Que este compromisso não tem outra hipótese. Sabendo isto... tudo o resto se há de compor, porque nem há outra maneira.

Filhos... podem ser a maior alegria, mas não são coisa fácil. Este amor incondicional pode chocar com a nossa necessidade de os educar. Porque muitas vezes a única coisa que apetece às mães (e pais!) deste mundo é mimar e proteger os filhos (excepto, claro, quando é atirá-los pela janela... mas não fica bem dizê-lo.). Mas esse papel, de mimar, é dos avós – embora talvez não em exclusividade!

Esse amor incondicional, e creio que a sensação da sua falta ainda será pior, faz com que os jovens pais se sintam novamente na adolescência: novamente sem saberem o que sentem nem como reagir. Especialmente no primeiro filho, claro. Felizmente não há muito tempo para pensar. Um bebé não espera. Precisa de comer, mudar a fralda - está bem, aí pode esperar uns minutos, a ver se a mãe vem - estabelece uma rotina, mesmo que com horários ímpios. E esta rotina é de facto importante para a sanidade mental dos jovens pais. Aliás, é um dos factores que torna também um animal de companhia tão importante: a obrigação de cuidar e de fazer o que é preciso e não pode esperar.

Porque se só tivermos para fazer coisas que possam esperar facilmente entramos em letargia.

Este amor tão incondicional, tão protector, claro que torna tudo mais complicado. Por tudo, entenda-se o amor, benigno. Aquele que pode ser tão fácil com os amigos, torna-se realmente complicado com os filhos, pelo desejo de os proteger, de os educar... e, temos de admitir, o desejo que sejam os melhores. Mas recordemos que este desejo tem algo de egoísta: queremos evitar a nossa dor de ver os nossos filhos passarem atribulações.

Felizmente tudo isso é temperado pelo dever de os educar. Veremos a educação, mais em pormenor, à frente. Agora digamos apenas que parte dela exige não proteger, demais, os filhos. Permitir, pelo menos, que as suas acções tenham consequências. Permitir que se magoem. Admitir que, no fundo, não são nossos, quanto muito nós é que somos deles.

E este "sermos deles" está implícito na educação pelo exemplo (um livro é bom, mas não substitui). E esta educação pelo exemplo significa que muitas coisas que um pai (ou mãe) faz acaba por ser ditado por sabermos que os filhos estão a ver. Por si, talvez não se importasse de atalhar caminho, mas, para dar o exemplo aos filhos, faz como acha que deve ser. Assim, como que se fecha um círculo. Em novos queremos ver certos comportamentos nos nossos filhos; crescemos e queremos que eles vejam certos comportamentos em nós! Este modo de os filhos nos serem preciosos é muitas vezes subavaliado. Talvez por orgulho.

OS OUTROS

Sabem o que levou Darwin a deixar de acreditar em Deus? Foram umas vespas. Estas vespas específicas colocam os seus ovos em lagartas, para os seus filhotes terem acesso a comida mal saiam dos ovos. Mas, pior que isso: as larvas não comem a lagarta por uma ordem aleatória. Vão devorando as partes menos essenciais de modo a manterem a "comida" fresca o mais tempo possível. Tal pareceu, a Darwin, cruel demais para ter sido criado por aquela imagem bondosa que Darwin tinha de Deus. Logo Deus não poderia existir.

A mim aconteceu-me algo parecido quando descobri que Deus cria pessoas sem a capacidade de Amar. Para quê criar alguém e não lhe dar a capacidade de amar? De sentir empatia? Não somos todos chamados ao Reino de Deus? À felicidade de sermos, e sentirmo-nos, amados por Deus? Como podia ser?

Mas, tive de admitir, que não só podia ser, como era!... é. Quer dizer, pode ser fácil criticar Darwin por sentir-se no direito de valorizar mais a dor da lagarta que a vida da vespa. Mas, meu Deus, pessoas? Não era tanto a dor que tais pessoas, muitas vezes, causam à sua volta que me causava incredibilidade, era a sua incapacidade de poderem sentir-se amadas, de amar, mesmo que no nosso modo imperfeito. Não estamos a falar de traumas que tornam uma pessoa insensível, muito menos de falta de vontade, embora a vontade de facto não exista. Estamos a falar de incapacidade neurológica, física, de nascença. Como a impossibilidade de uma minhoca falar, não tendo pulmões nem cordas vocais... nem, provavelmente, qualquer interesse em fazê-lo.

Percebi como tinha sido fácil ver-me como cristão. É fácil, quando achamos que todos são bonzinhos, que lá no fundo não querem o mal de ninguém... que, enfim, todos os homens são homens de boa vontade. Quando achamos que todos têm limites, limites que podem dizer-se de decência, mas que a mim pareciam apenas de bom senso, que não se ultrapassam.

Mas a realidade não é assim. Os cérebros são todos únicos, e uma pequena diferença pode fazer toda a diferença. Pequenas diferenças podem fazer com que uma pessoa não perceba o resultado ético das suas acções – essa parte encontra-se adormecida em *muitas* (cerca de dois por cento) pessoas. Que tenha emoções mais fortes ou mais fracas que o normal. Que tenha empatia... ou não. É muito interessante entender como funciona o nosso cérebro... ou no meu caso tentar. Mas, a Neurologia é um campo complexo demais para ser abordada aqui... mesmo que eu soubesse o suficiente para escrever! Além de que sendo uma ciência que está a avançar rapidamente, tudo o que eu, porventura, pudesse dizer estaria desactualizado em muito pouco tempo.

Mas se o quiserem começar a entender, o livro *In the Mind of a Psychopath*, de James Fallon[37], que é uma introdução extremamente interessante. Ao ler, lembrem-se que estão a ouvir o relato do próprio, talvez as suas brincadeiras inocentes não fossem tão engraçadas para as outras pessoas. E, acima de tudo, lembrem-se que estão diante de um "psicopata" altamente funcional. E perceberão porque ponho "psicopata" entre aspas, porque foi justamente esta pesquisa que alterou o sentido de psicopata. De alguém realmente mau, cruel ou assassino em série, passou para alguém com o cérebro diferente; não obrigatoriamente cruel.

O que nos interessa agora é tentar compreender os efeitos que tal tem na mente, na pessoa. Na sua relação com os outros e com o Mundo. A falta de empatia é algo muito difícil de entender para a grande maioria das pessoas (felizmente). Não se trata apenas de não ter qualquer interesse pela dor alheia. Significa também não criar laços emocionais. Um irmão, um pai, uma mãe ou mesmo um filho têm, para essas pessoas, exactamente o mesmo valor emocional que um total desconhecido: nenhum. Claro que tratarmos alguém que acabámos de conhecer num café como alguém com quem vivemos desde que nascemos pode ser visto como algo bom. Como espírito cristão ou de inspiração budista. Mas não é disso que se trata. É mais exactamente o seu oposto: ligarmos tão pouco a quem nos criou como a quem acabámos de conhecer.

Trata-se de nos ser tão indiferente a morte de um estranho como a de um filho. Não se trata de não conhecer as pessoas. Normalmente, até as conhecem bem. Trata-se de não ter afecto. Esta incapacidade de ter afecto tem muitas consequências. Tais pessoas tendem a serem muito materialistas. Não é que tenham um vazio emocional que precise de ser preenchido com coisas materiais, como alguém que seja levado a comer demasiado por stress ou tristeza. Não. Trata-se apenas que não existe vazio para ser preenchido. E coisas materiais, e sensações, ser tudo o que existe.

Embora a importância da empatia não possa ser subestimada, não será a empatia que torna as pessoas más ou boas em sim mesmo. Voltaremos a este tema na última parte, quando falarmos de A Culpa. Por agora, basta-nos saber que a nossa empatia pode ser usada contra nós, se, como vimos acima, não formos firmes nas nossas convicções. E que a sua falta resulta em pessoas que vivem sem remorso, sem qualquer consideração pelos outros. Aqueles que costumavam ser chamados de *psicopatas*[38].

O Dr. Hare[39] passou a sua vida a tentar definir este esquivo conceito de *psicopata*. Aliás, quando o Dr. James Fallon fazia a sua pesquisa, era neste trabalho que se fundamentava para definir *psicopata*, só depois, com a sua investigação, e os avanços de neuro imagiologia, surgiu o conceito, actual, de psicopata – que não significa obrigatoriamente maldade, apenas um cérebro diferente, emoções esbatidas e a incapacidade de criar laços afectivos.

Embora algumas pessoas tentem diminuir a validade científica do trabalho do Dr. Hare, a verdade é que, em termos comportamentais, continua a ser um estudo importante. Especialmente porque, visto que não podemos andar por aí a fazer scans à cabeça das pessoas, estes sinais, estes comportamentos, continuam a ser a melhor maneira de as identificarmos.

E que sinais são esses? Muitos. Demais para os pôr aqui, mas junto um pequeno anexo, no fim: Sinais de Alerta. Apesar do receio que não sirva de tanto como poderíamos pensar. É um pouco como os burlões: se não tivessem um ar simpático e sincero, não enganavam ninguém. Talvez para entender este assunto melhor o livro *Almost a Psychopath*[40] (Ronald Schouten e James Silver, 2010), pois dá exemplos claros e ilustra-os com pequenas histórias.... em que eu, com alguma tristeza, pude identificar algumas pessoas. Senti que nesse dia tornei-me um pouco mais adulto. Não gostei.

Normalmente estas pessoas são extremamente prestáveis para trocas, e transmissão, de informação dentro do grupo – seja grupo de amigos, colegas de trabalho ou família, pois tentam sempre ser a única (e mais "fiável") fonte de informações para todos o que, obviamente, lhes dá poder e controle sobre todos. Esta necessidade de controlar, porque no fundo não veem razão para confiar, está, por exemplo, na base da violência doméstica. A solução, claro, passa por se falar com todos, mesmo que nos custe, mesmo que tenhamos de dizer coisas desagradáveis. Não permitir que alguém se torne na correia de transmissão, mesmo que no momento nos pareça prático.

Quanto ao resto, a melhor defesa ainda é tentarmos ser

bons cristãos. Foi, por isso, que escrevi aquela parte dos selos, no capítulo do casamento. Amar a Deus acima de todas as coisas. Recordar-nos que as acções são boas ou más em si mesmas. Estar mais atento às acções que às palavras. Se nos sentirmos desconfortáveis, agir em conformidade com o nosso desconforto e não com o que parecer mais fácil.

E foi isto que, em grande parte, respondeu à minha pergunta: porque terá Deus criado pessoas assim? Mais não seja, porque são elas que nos mostram porque é que a moral é por vezes tão severa, porque tantas vezes... corta a direito! É porque tem de ser. Enquanto com a maior parte das pessoas podemos ser condescendentes, sem vir grande mal ao mundo, aqui sempre que formos condescendentes, na moral, traremos mal ao mundo.

Tragicamente isto é válido para crianças também. As crianças fazem birras, é normal. E é normal também, por cansaço ou outro motivo, os pais cederem a uma birra. E com a grande maioria das crianças tal não traz consequências maiores. Contudo, com crianças com tendências como as que vimos, tal trará graves consequências, pois a birra fica marcada no cérebro delas como o modo mais fácil de se conseguir o que se quer. Embora a empatia se desenvolva bastante tarde a maioria das crianças não precisa ter empatia para não gostarem de ver os pais zangados ou magoados, o que contrabalança, em parte, a birra como caminho prático e fácil. Nestas... não. Nestas a birra, torna-se mesmo o caminho mais curto, o mais fácil para o que querem. E mesmo se aplica às crianças *normais*, claro, quando as birras são realmente fáceis demais.

Nestas o sofrimento dos pais, ou de qualquer outra pessoa, é-lhes indiferente. O medo, não existe. A única coisa que lhes fica marcada é que funciona... e não dá trabalho. Embora os sinais possam existir desde tenra idade, um diagnóstico destes só pode ser feito após o cérebro se ter desenvolvido, pelos 23 anos.

Não digo isto para defender uma educação rígida. Apenas penso que afinal aqueles pais que não deixam passar uma birra... talvez tivessem as suas razões!

V. O MUNDO

AS COISAS

As coisas. Em certo sentido, este livro está ao contrário. Normalmente, começa-se pelo menor para o maior, em crescendo. Aqui, depois de falarmos de Deus, do amor, de nós próprios e dos outros, o que pode ainda faltar? O acessório, o que já não é importante.

É aqui, no que já não me parece importante, que sinto mais o risco de me alongar demasiado. Não fujo à regra: costumamos dar importância demais ao que é acessório. Apesar de não, não serem coisas físicas. Não vos vou falar da extrema utilidade de um canivete, ou de como a caneta foi uma grande invenção! Não, na generalidade são substantivos abstractos. Palavras que, como já vimos, muito se ganhava se fossem melhor definidas!

Assim, abordaremos algumas delas, pelo menos ao de leve. A maioria desta quinta e última parte pode parecer uma colecção de sabedoria popular. Ficarei satisfeito se assim for considerada, a sabedoria popular pode parecer tola aos olhos de certos snobs "instruídos", mas entre o que aprendi na vida é que não se chama sabedoria por acaso. Por outro lado, tenho alguma esperança que vejam algumas destas coisas sobre um prisma diferente. Que ao olhar-se o mundo de pernas para o ar, se aprenda algo de novo. Gosto desse pensamento.

Temo também que esta parte nunca esteja completa.

Terei sempre algo a dizer sobre mais alguma coisa! Mas tenho esperança de manter o hábito de não considerar a minha opinião importante, e de me conseguir restringir ao mais importante. De entre todas as coisas, vou tentar falar apenas daquelas que são realmente importantes. Ou que considero importantes.

No fundo... encaro esta parte como uma oportunidade para ter algumas longas conversas com os meus filhos, sobre as coisas deste mundo sem interrupções parvas. Sem terem de ver não sei o quê no telemóvel, ou atender aquela chamada... ou de me enganarem! Enganam-me levando todas as conversas na direcção da *Guerra das Estrelas*, o fim do Universo, os usos e costumes da corte tailandesa (Aiutaia) do século XIV ou algo igualmente estranho! Mas que eles sabem que não resistirei.

Assim poderão ver o telemóvel à vontade! Podem ir à casa de banho ou divagar sobre o Universo ser finito, mas ilimitado... que eu continuo a dizer o que quero, mas também só leem se quiserem! Seja como, for ficamos todos satisfeitos.

HOBBIES E PASSATEMPOS

O u a capacidade de serem cromos. Que, acreditem, é importante. Muitas pessoas pensam que hobbies e passatempos são coisas de criança, coisas sem importância.

Na realidade um hobby (pode ser um anglicismo, mas está mais perto do significado que quero) pode ser muito importante. Por um lado, pode preencher a necessidade de nos realizarmos em algo, já que poucos têm a possibilidade de ter o seu emprego de sonho. Ken Fisher, da Fisher Investments, no seu livro *O Mapa da Fortuna*[41], recorda o melhor conselho que recebeu: não perseguir uma carreira musical!

Muitas pessoas "têm jeito" para tocar um instrumento, praticar um desporto ou dramatizar. Mas poucas, muito poucas mesmo, podem ter uma carreira de sucesso com base nos seus dotes artísticos. Se lermos mesmo o tal livro, *O Mapa da Fortuna*, ficamos assustados com os números! Um dos casos que me marcou foi o de um actor, que apenas por ter participado num único anúncio televisivo, ficou entre os dez por cento dos actores mais bem-sucedidos dos Estados Unidos! Sim, no sentido em que ficou entre os dez por cento dos actores que mais dinheiro ganharam com a sua arte. E ganhou-o apenas com esse anúncio... imaginem o quão pouco ganharão os restantes noventa por cento! Como diria XKCD[42] todos os discursos motivadores por alguém bem-sucedido deveria começar por avisar sobre o viés do sobrevivente.

Um hobby cumpre aqui uma função extremamente importante. Porque nem todos podemos depender do que *realmente* gostamos para nos sustentarmos, embora se espere que ganhemos gosto pelo que fizermos como trabalho, mesmo que antes não o imaginássemos – talvez pela tal tendência de gostarmos do que conhecemos. Porque só ao fazermos percebemos as reais nuances, interesses e desafios que esse trabalho coloca. Ter um hobby permite-nos perseguir os nossos gostos, completar um pouco mais a nossa vida.

A parte complicada nisto de se ter um interesse, uma arte, é saber quando desistir de fazer dela a nossa carreira. Há alguns casos mais fáceis, como ser futebolista, por exemplo. Se pelos vinte não tiver sucesso, tem obrigação de saber que nunca terá. Mas há outros casos em que é mais complicado. Um músico, ou, sim, um escritor, já se pode revelar mais tarde. Mas em qualquer dos casos encarar essa nossa queda natural como um hobby permite-nos não só desfrutar dela, como aprimorá-la, sem comprometer o nosso futuro financeiro.

Um hobby levado a sério puxa por nós. Ajuda a desenvolver novas habilidades e conhecimentos. Mesmo que seja colecionar selos. Aprende-se sempre um pouco de História, negociação, tipos de papel e tintas... e acima de tudo, neste caso, paciência, cuidado e o conhecimento de como coisas tão interessantes são aborrecidas para a maioria das pessoas...

Mas um hobby deve ser encarado assim: algo que gostamos de fazer, mesmo que não interesse a ninguém! Mesmo que não haja retorno, e recebamos muito pouco encorajamento. Claro que se muitos comentários forem negativos podemos reequacionar a nossa escolha... especialmente se for um hobby ligado à música e os comentários forem mais protestos. Afinal de contas devemos respeito aos nossos vizinhos... ao contrário do que os meus vizinhos parecem pensar!

Mas, à medida que a população envelhece, e mesmo que não pareça nós também vamos crescendo, os hobbies vão-se tornando mais importantes. Muitos estudos têm apontado a sua importância num envelhecimento saudável. Para não falar na possibilidade de um dia uma pessoa poder mudar de carreira. É algo que se tem assistido mais ultimamente: as pessoas chegam à meia idade, ou um pouco mais, e iniciam uma nova carreira. Muitas vezes ligada a um hobby ou interesse anterior.

Se olharem para as coisas de modo leve, as coisas serão fúteis e desinteressantes. Um hobby, ou um passatempo, é um modo de verem algo mais profundamente, sem ser o vosso emprego. Idealmente deverá ser uma actividade útil – num sentido muito lato, e que vos agrade... mas também em que tudo não vos agrade de início, é bom que alguma parte dela vos custe, porque uma das funções de um hobby pode ser também ensinar que nada se consegue sem trabalho, sem tempo, sem paciência.

Que mesmo as coisas que gostamos de fazer podem dar trabalho. O meu exemplo preferido é comparar jogos de computador com jogos de tabuleiro. Num computador, uma pessoa senta-se, liga e está a jogar – nem precisa de ler o manual (normalmente). Num jogo de tabuleiro uma pessoa tem de ler as regras (às vezes parece ser a parte que mais me agrada, jogar mesmo dá muito trabalho!), preparar o jogo, combinar, ou forçar, alguém a jogar connosco... mas no fim, a sensação é realmente diferente, porque aquilo que nos exige esforço é aquilo que valorizamos.

Sabem aquilo que se diz sobre os conselhos? Que se fossem bons eram vendidos em vez de dados? Pois bem... quem já trabalhou com ou em consultoras sabe que, mesmo que sejam pagos a peso de ouro, nada nos garante que sejam bons... mas a questão é que pagar-se por algo faz com que o valorizemos – é um conselho que não se pode deixar de dar a quem inicia uma carreira em psicologia, terapia, consultadoria de imagem ou algo assim: têm-se de cobrar as consultas, para que o nosso tra-balho seja valorizado.

Um hobby que não nos exija esforço também não vale a pena.

EDUCAÇÃO

A educação é o processo de facilitar a aprendizagem ou a aquisição de conhecimento, técnicas, valores, crenças e hábitos. Pelo menos em português significa também a arte de se viver em sociedade. Ou como dizia um primo meu: a capacidade de não fazer coisas que deixem os outros desconfortáveis. O que naturalmente inclui, por exemplo, o modo como comemos. Sei que pode parecer fútil a muita gente... mas acreditem que muitas pessoas ficam realmente incomodadas!

Acreditem que essa é, apesar de tudo, a educação mais importante, a capacidade de se ser agradável aos outros. Tem uma grande vantagem sobre a educação formal: não precisa de um certificado! É algo que as pessoas à nossa volta dão naturalmente conta. Sem ser necessário, nem sequer convém, exibirmo-nos!

Claro que depois de tudo o que falámos, falar sobre esta educação pode parecer irrelevante. Então, uma pessoa que sinta amor pelas outras não tenderá a ser educada? Naturalmente, sem ser preciso dizê-lo? Sim... desde que dêem atenção aos outros – o que aliás é condição essencial do amor: não se pode amar o que não se conhece.

E é aí que a boa educação entra realmente em cena. Com as pessoas que não conhecemos ou mesmo aquelas que (ainda?) não apreciamos. Com as que conhecemos bem estamos mais à vontade, em princípio sabemos o que as incomoda e o que, apesar de não ser bem visto "em sociedade", não as incomoda de todo. Portanto, é aí que a boa educação, os bons hábitos, têm importância. Quando não conhecemos ou não apreciamos; seja por falta de tempo ou de interesse (há pessoas que não têm interesse pelas outras, não significa que sejam más). É importante porque, mais não seja, é o suficiente para tornar a vida de todos mais fácil e agradável.

Claro que se distingue, se é algo natural e sentido, ou se é algo aprendido e representado. Mas mesmo aprendido e representado é melhor que nada e claro que o melhor momento para começar é agora. Ao contrário do que algumas pessoas pensam, há uma enorme diferença entre ser-se franco e ser-se maleducado... a linha que divide é que pode parecer fina! Ser franco pode ser uma qualidade, mas quem é sincero continua a ter cuidado com o que diz e como diz. Não vale a pena criticar o que não vai mudar. Acha que aquela miúda gordinha, ou melhor: saudável, não tem espelhos em casa? Que não sabe? Ou pensa que ouvindo da sua boca vai decidir iniciar, finalmente, a dieta e o plano de exercícios que necessita há anos? Não, pois não? Então nada de bom virá ao mundo por lhe dizer, guarde a sua opinião para si e não seja um idiota.

A arte de tornar a nossa presença agradável aos outros compensa quase sempre, porque, normalmente, os outros sentem necessidade, muitas vezes gosto, em retribuir. Não custa nada e na pior das hipóteses mostra-nos alguém de quem nos devemos afastar.

❋ ❋ ❋

Quanto ao outro sentido de educação... admito que se soubesse o que sei hoje teria tido mais atenção à minha formação académica. É que este tipo de educação, no sentido de formação, precisa de certificados, ao contrário do anterior. Na maioria dos casos, não basta saber fazer, é preciso que saibam que sabemos – ou, pelo menos que acreditem.

O que por vezes leva a situações ridículas. Com certificações sobre certificações, sem qualquer utilidade prática. Especialmente, quando é o Estado a decidir, o que parece acontecer cada vez mais! O que nos levaria a estabelecer a diferença entre a necessidade de o nosso conhecimento ser reconhecido e a necessidade de certificar!... não nos podemos esquecer que a certificação é também um negócio. E como em qualquer negócio quem mais ganha é o "parceiro" Estado: quando alguém paga cem euros para uma certificação "necessária" o Estado arrecada mais de cinquenta em impostos!

Mas tal não nos deve impedir de reconhecer que a instrução é importante e que é mesmo importante que tenha credibilidade, se a quisermos utilizar, se quisermos ser pagos por ela, especialmente, por quem não nos conheça pessoalmente. Porque apesar de hoje o ensino superior já não garantir emprego, muito menos emprego de jeito, a verdade é que continua a abrir algumas portas, que de outro modo ficariam fechadas.

O grande problema do ensino superior é que as pessoas chegam à idade em que *têm* de decidir... sem terem feito nada que não seja estudar, e, às vezes, nem isso. Creio que a solução passaria por voltarmos à aprendizagem mais tradicional. Um sistema de estágios, em diversas profissões ao longo do liceu. Ou voltar a permitir aprendizes: fala-se muito em trabalho infantil, em exploração infantil... a menos que sejam actores, ou artistas em geral. Mas quantas vezes não seria melhor um adolescente andar a ajudar o pai, tio ou padrinho... do que andar pela rua sem nada para fazer durante as férias escolares?

Esperamos que os jovens façam uma escolha sensata sem saberem o que estão a escolher. É que não é só a questão dos jovens muitas vezes nem terem a possibilidade de terem contacto directo com a profissão que gostariam de ter. É que, frequente-mente, nem sabem de qual gostariam, porque nunca a equacio-naram sequer. Nunca experimentaram... ou nem sequer viram! Como haviam de se lembrar?

Portanto, se tiverem oportunidade, de fazer algo, de tra-balhar em algo, talvez seja boa opção, mesmo que tal vos atrase a entrada no ensino superior um par de anos...

TRABALHO

Como dizia um tio meu "o trabalho dignifica o Homem". E, deixem-me acrescentar, o dinheiro. Não estou, obviamente, a falar de teorias absurdas que insistem que o valor das coisas é o trabalho que dão – embora seja verdade que valorizamos mais o que nos deu trabalho. Se uma pessoa aborrecida passar anos laboriosos a escrever um livro tão aborrecido como o autor, sobre um tema enfadonho... desculpem, mas é-me indiferente o trabalho que lhe deu. Para mim, esse livro valerá bastante menos que um poema escrito por Fernando Pessoa no guardanapo de papel do café em dois minutos inspirados.

Uma parede deitada abaixo tanto o é com um pequeno martelo, dando horas de trabalho, como com uma marreta, dando menos, ou mesmo com uma máquina, em que se pode fazer a coisa em minutos e sem esforço físico. O resultado final é igual.

Contudo... a capacidade de deitar abaixo uma parede apenas com um martelo, isso sim, já pode ser digno da nossa admiração. Mais não seja porque, por vezes, é mesmo a única solução. Há coisas que só se podem fazer com muito trabalho, paciência e dedicação. Seja deitar abaixo uma parede num sítio apertado, seja algumas obras de arte.

O trabalho justifica o dinheiro porque é aí que o dinheiro se torna digno: ao premiar o nosso esforço, e permitir-nos escolher não só a recompensa (embora não o seu valor), como o momento em que seremos recompensados. E, hoje, temos dificuldade em perceber como estas possibilidades são importantes. Ainda acontece fazermos um favor a uma tia, como carregar uns móveis, e a querida tia decidir compensar-nos com, por exemplo, um bolo. Agora imaginem que a nossa tia não tinha jeito nenhum para cozinhar. Que os seus bolos são massudos, mesmo difíceis de comer! Em vez de fazermos um simples favor, teremos de fazer dois... e acreditem: às vezes não temos a certeza de qual custa mais!

Claro que isto ainda nos acontece na família próxima, ou na vida particular, como se diz. E até nos custa imaginar um mundo onde esta fosse a norma. Mas já existiu... e existiu até há *pouco* tempo, até à democratização do dinheiro, ou seja, a sua utilização generalizada.

Outro aspecto que pode ser difícil de compreender é a dilatação no tempo da recompensa que o dinheiro possibilita. Ou seja: fazer algo hoje, mas só ser retribuído passado algum tempo. Claro que tal também é possível sem dinheiro: hoje ajudo-te nas mudanças, daqui a um ano ajudas-me nas pinturas... se estivermos vivos, se nos lembrarmos, se for possível... o dinheiro garante, em certa, que é possível, porque, se não for o nosso amigo, será outro a ajudar nas pinturas.

Porque uma coisa é certa: pode ser bom termos rendimentos, ou ganharmos uma lotaria (o que, claro, nunca acontece). Mas recebermos por trabalho que fizemos é uma sensação muito melhor. É, assim, que o dinheiro deixa de ser sujo, ou o que quiserem, e se torna numa medida de apreciação do nosso esforço.

E é também por este motivo que não se deve trabalhar de graça! Estágios? Sim, mas pagos. Preço especial para amigo? Ou para o pai, a quem se faz uma capa? Acho muito bem! De graça não. Se é de graça acaba por significar que não vale nada. Mas, por agora, deixemos o dinheiro, que falaremos dele no próximo capítulo, porque nem só de dinheiro vive o trabalho.

Não é a única recompensa do trabalho – mesmo que às vezes possa parecer, especialmente em trabalhos monótonos. Há também o aspecto da saúde mental. Uma pessoa deprimida tem muita dificuldade em manter um ritmo, mesmo leve, de trabalho. Contudo, se não o consegue fazer, piora muito. Muitas vezes, a única solução parece ser arranjar um hobby ou voluntariado, idealmente algo que mantenha as mãos ocupadas, como trabalhar com madeira ou tecelagem. Mãos ocupadas entretêm o cérebro, por isso se dizia que "mãos desocupadas são a ferramenta do diabo", porque nos são prejudiciais.

Estar desempregado pode ser um azar, uma fase. Não ter emprego... é estranho, não é? Quer dizer... eu, pelo menos, ficava sempre um pouco atrapalhado quando me perguntavam o que fazia. Sem saber bem como explicar que não fazia nada. Creio que não é só a sociedade que espera que façamos algo de útil, somos nós próprios também. Aliás, não tem emprego soa um pouco perto demais de "não tem serventia nenhuma", não serve para nada.

O trabalho tem também essa grande vantagem, de nos fazer sentir úteis aos outros. É claro que nem todos têm esta ambição – já vimos que há algumas pessoas que não podem ser motivadas desse modo... mas, para a maioria das pessoas, sim. Não é preciso ser um cirurgião a salvar vidas, ou um investigador a procurar a cura, ou mitigação, do cancro; mesmo entre aqueles trabalhos mais mundanos, que desvalorizamos por os tomar por certos, pode-se sentir o prazer de se ser útil, o gosto de se ter feito algo bem.

Aliás, penso que esta parte de ser útil é mais importante do que se pensa. Uma das maravilhas do capitalismo é que, normalmente, podemos medir a utilidade do nosso trabalho pelo que nos estão dispostos a pagar. Claro que existem excepções, mas alguém que receba o salário mínimo provavelmente procurará a satisfação de ser realmente útil noutro lado – mais não seja pela diferença que esse salário faz no seu lar, mas espero que também, pela alegria que leva para casa, mesmo com cansaço.

Mas por vezes, mesmo ganhando bastante dinheiro, falta essa componente. Durante uma época da minha vida ganhei dinheiro apenas com investimentos, era nessa altura que respondia que não fazia nada. Porquê? Bem... por um lado, não dava mesmo trabalho. Embora pudesse perder muito tempo a olhar para as cotações, na verdade, trabalho... trabalho era talvez uma hora por semana.

Mas, acima de tudo, não estava a ser útil para ninguém. E isso é um pouco depressivo.

DINHEIRO

Conta-se[43] que um homem se aproximou de Jesus perguntando-lhe: Bom Mestre, o que hei de fazer para ganhar a vida eterna?

Jesus, afirmando que Bom era apenas o Pai, disse-lhe para seguir os mandamentos, que conhecia. Não adulterarás; não matarás; não furtarás; não dirás falso testemunho; não defraudarás alguém; honra teu pai e tua mãe.

Ao que o homem terá respondido: tudo isso guardo desde a minha juventude.

Então Jesus, amando-o, disse-lhe: vai, vende tudo o que tens, dá aos pobres e segue-me. Mas ao ouvir estas palavras o homem entristeceu-se e afastou-se, pois tinha muitas propriedades. E, provavelmente, responsabilidades.

Terá sido então que Jesus se terá voltado para os seus discípulos comentando como é difícil a um rico entrar no Reino dos Céus. Mais difícil, ilustrou, que um camelo passar por um buraco de uma agulha. Mas quando os seus discípulos se começaram a preocupar "Quem poderá então salvar-se?" Jesus sossegou-os, pois o que é impossível aos homens é fácil a Deus.

E a história, tal como nos é contada, termina aqui. Mas eu gosto de pensar que a história do homem continua. Gosto de imaginar que, depois de Jesus crucificado, tendo-se iniciado a perseguição aos cristãos, um vizinho invejoso, talvez com esperança de ficar com alguma das propriedades acusou o nosso homem de ser um dos que seguia Jesus. Que o homem, levado por soldados, para ser preso e interrogado, ia numa grande aflição, pois facilmente podia perder mais que as suas propriedades. E, subitamente, sorriu. Sorriu ao aperceber-se que estava liberto das suas responsabilidades. Que podia seguir quem quisesse; pois as suas propriedades (e responsabilidades!) não o prendiam mais.

Ou, como P.T. Barnum[44] diria (diz-se) mais resumidamente: o dinheiro é um senhor terrível, mas um excelente servo. No fundo, o importante é isso, se o dinheiro nos serve ou se deixamos que sejamos nós a servi-lo. Note-se que o dinheiro, em si, nada tem de mal. Pelo contrário: como já vimos é uma invenção maravilhosa, sem a qual muito pouco do que tomamos como certo alguma vez existiria – todos os bens passam por uma série de estágios de produção, junção de matérias primas, junção de produtos intermédios, trocas e produções que seriam impossíveis sem dinheiro! Mas dinheiro... são números. Especialmente agora que ninguém usa o padrão ouro, dinheiro é apenas números em computadores.

Mas estes números, ao representarem quase tudo, tornam-se extremamente importantes... e complicados de definir. Não diz apenas quanto vale uma casa: uma casa vale quanto alguém estiver disposto a dar por ela, como (quase) tudo na vida. Como uma hora do nosso tempo, como o nosso trabalho, ou mesmo uma viagem. Claro que nem tudo precisa ser trocado por dinheiro. Por exemplo, pode-se trocar uma casa por outra, ou pode-se trocar trabalho por usufruto. Mas mesmo aí o facto de traduzirmos quase tudo em dinheiro facilita-nos a avaliação, e o dinheiro, sendo facilmente fraccionável, permite sempre acertos. Mas não podemos esquecer aquele quase. No fundo, o nosso tesouro deve ser aquilo que não trocamos por dinheiro nenhum deste mundo!

Creio que o mais importante a saber sobre o dinheiro é que apesar de serem apenas números não é todo igual. Não é igual se o recebemos por rendas, pelo nosso trabalho, como vimos, ou pela nossa arte! Esta última, admito que é a que sabe melhor, mesmo que seja pouco.

Ou se, pelo contrário, o recebemos por algum meio ilícito, porque não se trata do dinheiro, trata-se de quem somos. Trata-se do que estamos dispostos a fazer... seja pelo que for. Sabem aquilo que se diz? Que na guerra e no amor vale tudo? Acho que é mentira. No amor não faz sentido, pura e simplesmente. Mas mesmo na guerra... não penso que seja verdade: os crimes podem perseguir-nos – continuamos a ter de viver com eles. E muito menos no dinheiro ou nos negócios! Ou mesmo na política, onde parece valer mesmo tudo.

E também não é igual se o gastamos em algo bom e útil, ou se o gastamos em coisas fúteis. Não é igual sermos avarentos ou poupados. Não é igual pensarmos no nosso futuro e preocuparmo-nos, demasiadamente, com ele, porque o mais importante, no fundo, não é o dinheiro, é a nossa relação com ele. Que, admito, nunca será fácil. É um equilíbrio muito delicado e a verdade é que cada um terá de encontrar o seu. Especialmente quem tiver filhos ou responsabilidades.

Como em muita coisa na vida, muito depende de como e porque o fazemos. É bom querer poupar algum dinheiro, que nos dê alguns rendimentos e conforto, especialmente mais tarde – porque infelizmente hoje não se pode confiar no Estado para manter a sua palavra quanto às reformas.

Ter dinheiro não é mau. Ou, como diria Woddy Allen, ser rico é melhor que ser pobre, mais não seja por motivos financeiros. Poupar é bom (leram a autobiografia de Benjamin Franklin?), investir será melhor – se for bem feito. E aqui ser bem feito significa estudar um pouco o assunto e fazerem os investimentos de acordo com o que querem.

O importante é por um lado não se preocuparem demais com isso. Diria mesmo que uma vida plena deve ter altos e baixos, por vezes só assim se aprende o valor do dinheiro. E é nas dificuldades que nos conhecemos. Mas acima de tudo não deixem que o dinheiro vos impeça de fazerem o que querem.

Embora a falta dele realmente possa impedir-nos de fazer muitas coisas... mas a verdade é que aí, pelo menos na maioria dos casos, não se trata bem do que realmente queremos, mas do que nos apetece. E não fazermos o que nos apetece não é mau.

LIBERDADE SOCIAL

Já aflorámos a liberdade do ponto de vista interior. Vamos então voltar ao Jean-Jaques Rousseau, como prometido, e às suas estranhas ideias sobre a liberdade, a propriedade e a condição humana.

Rousseau em muitos sentidos é o pai da esquerda moderna, especialmente da esquerda caviar[45], por causa do seu gosto em usufruir da qualidade de vida da sociedade moderna, enquanto a critica. Como quem come um bife, enquanto diz que não compreende como alguém pode matar uma vaca... Rousseau dizia que o primeiro homem a ter cercado um terreno e dito "É meu!" era culpado de todos os males da humanidade! Quando nos parece óbvio que o que esses primeiros homens defendiam eram as suas colheitas, o seu trabalho. Curiosamente a esquerda moderna conseguiu afastar este mito da criação da propriedade da terra, dizendo "A terra a quem a trabalha!", mas mantendo-o, como raiz de todo o mal, para tudo o resto!

Mas no que nos queremos focar é no conceito da Liberdade. No seu delicioso livro *Rousseau e Outros Cinco Inimigos da Liberdade*, Isaiah Berlin[46] fala-nos em duas concepções de liberdade: a continental e a anglo-saxónica. Esta, a anglo-saxónica é definida pelo que não nos podem fazer. A continental foca-se no que podemos fazer, inspirada, entre outros, por Rousseau.

Jean-Jacques, como já vimos, pensava que um homem,

para ser livre, devia poder fazer tudo o que quisesse, não podia ter quaisquer grilhões. Pensem nisso. Nenhuns grilhões, nenhum obstáculo, moral ou físico, às suas ambições. Isto só por si deveria começar a fazer-nos pensar que raio de definição é esta. É uma definição que ignora aquele princípio que devia ser senso comum: a minha liberdade termina onde começa a dos outros. Uma definição, portanto, que ignora totalmente os outros e os seus direitos. Mas melhora!

Como já vimos Rousseau gostava também de assembleias. Calculo que por uma questão estética, porque na verdade fazia-lhe muita confusão ver um homem deixar de ser livre para se submeter à vontade de uma assembleia. Então um dia teve uma inspiração e pensou: se na assembleia forem todos racionais, chegarão todos à mesma conclusão; portanto nenhum se vai ter de submeter à vontade da maioria. Diz que quando "compreendeu" isto sentou-se e chorou. Que fique descansado que hoje muitas pessoas continuam a chorar, apanhadas pelo lado errado desta ideia.

Pois esta ideia mirabolante parte de pressupostos errados, como espero que todos saibam. A começar por nem todas as questões poderem ter uma resposta pura e completamente racional, pois, muitas vezes, faltam-nos dados. Um debate faz-se entre duas (ou mais) ideias racionais, se se parte do princípio que apenas uma ideia pode ser racional, deixa de ser um debate. Deixa de ser um confronto de ideias, passa a ser um tribunal onde provamos que os outros não são racionais. Que quem discorda de nós não é, seguramente, racional.

Finalmente, nós, humanos, não somos computadores. Tomamos decisões de acordo com as nossas emoções, experiências e pontos de vista particulares. Ao afirmar que só uma opinião é racional – obviamente a nossa! – acabam-se os debates. Passam a ser uma série de acusações, onde as ideias estão em debate, mas sim o facto de *o outro* ser *seguramente irracional.* Parabéns, acabaram de, mais uma vez, instituir os tribunais de opinião!

É este também o único sentido do "científico" no marxismo. Que quem pensa diferente de mim está errado, científica e racionalmente errado, dizem eles (que é o insulto final à ciência: passa a ser uma questão de opinião). É deste modo que esta definição de liberdade leva as pessoas às piores tiranias. Aquelas em que discordar não é ter outro ponto de vista, não, é crime. É erro e traição. É heresia. É, por isso, que as sociedades comunistas, ou socialistas, têm sempre um líder incontestado: é aquela pessoa de quem ninguém ousa discordar, porque, obviamente, é ele que acaba por definir quem é, e quem não é, racional.

E, voltando à definição de liberdade nas culturas anglo-saxónicas, que significa "aquilo que não nos podem fazer"? Trata-se de reconhecer que o mais importante, para a nossa liberdade, não é tanto o que podemos fazer, mas o que não nos podem fazer. Significa o direito dos indivíduos de fazerem o que quiserem, desde que não prejudiquem os outros. Enfim, trata-se de reconhecer que a nossa liberdade termina onde começa a do outro. Portanto aqui os defensores da liberdade não se preocupam com o que cada um pode fazer, mas onde começa a liberdade dos outros. Pode parecer que é o mesmo, como o outro lado da moeda. Só que os resultados são diametralmente opostos. Pois, como se viu, começando pelo lado do que nós podemos fazer, facilmente nos esquecemos dos outros... mesmo a nível intelectual, como aconteceu a Rousseau.

Assim, na liberdade, tal em como tantos conceitos importantes, muitas vezes o mais fácil é serem definidos pela negativa. No caso da liberdade o importante é assegurar as garantias do individuo, no fundo a sua liberdade. Aquelas coisas, que nem o Estado, nem "a maioria" (e quantas vezes "maioria" não é mais que um nome), podem fazer.

De facto, se estamos sujeitos aos caprichos dos funcionários públicos, não podemos ser livres. Como tristemente ainda se vê em Portugal em pleno século XXI – que o digam os cidadãos do Prédio Coutinho[47]. O importante é reter que o "ser melhor para a maioria", ou mesmo "para todos", não justifica. Mesmo que fosse mesmo o melhor, e não o que o político decidiu ser o melhor – normalmente por motivos sem qualquer relação com o assunto em causa! A partir do momento em que se pense que justifica, tudo poderá ser justificado.

Liberdade é, acima de tudo, o direito de se seguir a sua vida, sem interferências desnecessárias do Estado... ou de outros poderosos.

Há uma pergunta para testar os limites éticos:

Imagine que o leitor é um médico que tem uma clínica isolada. Tem lá cinco pacientes que, à falta de órgãos, irão morrer em breve. Por acaso, numa noite chuvosa, bate-lhe um viajante à porta. Leva-o a visitar a clínica e durante essa visita apercebe-se que o viajante tem todos os órgãos que necessita para salvar os seus pacientes. Curiosamente são todos compatíveis, ou seja, se o matar poderá extrair todos os órgãos necessários para salvar cinco vidas. Sabe também que nunca será apanhado; nunca será confrontado com esta morte.

Deverá fazê-lo?

Esta pergunta por vezes é feita como teste, para vermos até que ponto estamos perto de não termos empatia. Como as pessoas de que falaremos no anexo Sinais de Alerta, no fundo como um teste de Empatia. E é um pouco assustador a facilidade com que hoje muitas pessoas dizem que sim, que seria o mais lógico. Que ao não o fazer estamos a condenar os cinco à morte. Que se fosse com vacas, por exemplo, já não teríamos qualquer dúvida. Sim, dá que pensar.

Contudo liberdade significa podermos visitar uma clínica isolada sem termos receio de sermos mortos para salvar algumas vidas. Mesmo que "seja melhor para todos". Liberdade, na sua verdadeira definição está intimamente ligada à dignidade humana. Ao valor da vida humana e respeito pelos outros

DEMOCRACIA

Democracia... provavelmente lembramo-nos das aulas de Filosofia do ensino secundário e de como estranhámos os filósofos gregos do período clássico terem tão má ideia do regime que definiam como democracia. A questão é que quando os gregos falavam em democracia referiam-se ao poder descer às ruas. A algo como Le Terreur, na Revolução Francesa. Sem se observar em primeira mão é difícil imaginar como as multidões são sanguinárias. Como exigem sangue antes de justiça. Como levam pessoas pacatas, mesmo boas pessoas, a transformarem-se em carrascos.

Não vos quero assustar... mas parece que cada vez estamos mais perto dessa definição de democracia e mais longe... do ideal de democracia desenvolvido no século XX. É aquele problema que o nosso cérebro tem: se damos um nome a um problema ficamos com a ideia, errada, de que o problema está resolvido.

Não está. Democracia é muito mais que partidos políticos e votos. Muito mais complicado que isso. Mais abrangente, mais ligado ao conceito de liberdade e respeito pelo outro. Um bom sítio para se começar a estudar o assunto é Robert Alan Dahl[48]. O conceito de democracia começa justamente pelo oposto de Rousseau: admitir que qualquer outro cidadão, devidamente informado, tomará uma decisão tão válida como a minha – evidentemente não igual, mas igualmente válida. Mas, por mim, podemos até cortar esse "devidamente informado". Primeiro, porque como se vê hoje na comunicação social, "devidamente informado" significa concordar connosco. Segundo, porque estudos empíricos mostram que se forem pessoas suficientes a tomarem decisões **isoladas,** mesmo que desinformadas, o conjunto (a média) de tais decisões é muito bom![49]

A parte de **isoladas** é muito importante. Sobre este ponto em concreto é ainda aconselhável o pequeno livro *A Psicologia das Multidões*, de Gustave le Bon[50]. Pode estar totalmente desactualizado, em muitos aspectos, mas neste, acertou na mouche. Gostamos de concordar com as pessoas à nossa volta. Aceitamos muita da informação que nos chega sem questionar. Daí a importância de cada individuo tomar a sua decisão... isolado, na medida do possível. É essa a importância do voto secreto! Porque as pessoas são mais honestas se não tiverem de confrontar os outros com as suas opiniões. Porque há sempre quem se julgue dono da razão e se sinta no dever de pressionar os outros para "terem as opiniões informadas". Esse é um dos problemas da democracia nos sovietes: o voto é publico, portanto, uma pessoa é castigada ou recompensada pelo seu voto.

A democracia não é algo fácil. E temo que em breve verifiquemos que nunca está garantida. O problema é que cada político que alcança o poder tenta aumentá-lo um pouco, de modo tangencialmente legal... porque "necessita" dele – qualquer desculpa serve para justificar essa necessidade. A maioria das pessoas nem se apercebe do processo até ser tarde demais, até se chegar ao ponto em que é muito difícil voltar atrás por meios legais.

E aí começa um jogo terrível. Em que o poder instalado vai tirando um pouco de cada vez, seja um pequeno aumento nos impostos, seja uma outra pequena liberdade. Acho estranho como as pessoas hoje não fazem a ligação, que para mim é óbvia, entre impostos e liberdade. Mesmo num país imaginário sem corrupção como podemos ser livres se o governante é que decide o que fazer com o nosso dinheiro? Com o fruto do nosso trabalho!

Quando os comboios chegavam aos campos de concentração os guardas, armas na mão, diziam aos judeus para largarem as malas. Bem, ninguém vai morrer por causa de uma mala, não é? Depois separados. Depois o cabelo rapado. Tiravam-lhes um pouco de humanidade a cada passo. Suficientemente pequeno, de cada vez, para não valer a pena morrer por tão pouco. Até nada sobrar pelo que valesse a pena viver.

Podem pensar: hoje é difícil acreditar como foi isso possível, mas a terrível verdade é que naquele tempo também. O Mein Kampf foi publicado em 1925; como havia ainda tantos judeus na Alemanha em 1933, quando Hitler tomou o poder? Porque não fugiram? Não se foge do que não acreditamos, apenas crianças fogem de fantasmas e monstros. Temos muita dificuldade em acreditar do que somos capazes. Mesmo já tendo ouvido relatos, mesmo vendo todo o aspecto dos campos de concentração, tinham muita dificuldade em acreditar que alguém os pudesse matar sem qualquer motivo.

É esta descrença que torna a democracia tão frágil. Porque pensamos: este é um pequeno imposto, uma pequena taxinha, totalmente ilegal e abusiva, mas não vale a pena lutar por causa disso. Ou este é um pequeno abuso de poder.... mas tal não significa que vão continuar a abusar. *Ninguém* seria capaz de fazer algo tão mau... mesmo vendo os abusos à nossa frente não acreditamos. Tal como alguém que viva com um cônjuge abusivo.

Não acreditamos. Não acreditamos que pessoas sejam capazes de tais coisas. Mas são... somos capazes de coisas terríveis. É, por isso, que devemos sempre partir do princípio que os políticos são capazes de tudo. A História mostra que, se pensarmos assim, raramente nos enganamos. E se por acaso nos enganarmos esse mesmo político será o primeiro a aplaudir a nossa atitude.

A ameaça à democracia não vem de ideias estapafúrdias e fantásticas, sejam de "direita" ou de "esquerda"; de ideias que todos sabemos serem cruéis ou erradas. Vem das pequenas coisas, das ideias que até podem parecer razoáveis.

POLÍTICA

Agora, que vimos a liberdade e a democracia temos muita dificuldade em olhar para a política sem ser como a busca pelos políticos de as diminuir. E isso é tudo o que era realmente importante saber-se sobre política.

Reforcemos aquela ideia de que os políticos não são de confiança. Sabem aquele capítulo Os Outros? Pois, devemos sempre partir do princípio que todos os políticos pertencem a essa classe de pessoas. Sem empatia, sem princípios éticos, sem moral. Que são pessoas cujo único objectivo na vida é aumentar o seu próprio poder e riqueza. Sem se importarem de mentir, sem se importarem com o que aconteça às outras pessoas. Não há nada que não façam se tal lhes permitir melhorar nem que seja um pouco a sua posição.

E claro... quanto mais charmoso, mais perigoso é. Se pensarmos nisso, um burlão que não tivesse um ar simpático e não parecesse minimamente honesto... não aldrabava ninguém. Isto é agravado pelo sistema partidário – embora seja preferível aos sistemas não partidários que tentámos até agora! Os partidos, que surgiram como associações de pessoas, parecem agora servir mais para afastar as pessoas da política. Os partidos parecem ter conseguido juntar o pior das sociedades secretas, dos comités e do culto do líder num só organismo. Pode não ser um feito pequeno, mas as suas consequências são trágicas.

Mas note-se que não é um problema de fácil solução. Naturalmente não se pode pedir a um partido que tome todas as suas decisões publicamente, pensamos até que tal poderia conduzir a uma sovietização da vida publica, ou, dito de outro modo, à ditadura da minoria barulhenta. E estas decisões, da vida interna de um partido, quem as toma? Comités e comissões – o que vem a dar no mesmo. O que as comissões e os comités têm de fantástico é que não é Fulano ou Cicrano que tomam as decisões, é o comité. Fulano até pode dizer, jurar, publicamente que tentou que o comité tomasse outra decisão, tendo manobrado o comité, longe do olhar público. Robespierre e os seus comparsas ficaram mesmo espantados com o poder que o Comité da Segurança Geral lhes dava[51].

Finalmente há o líder. Seja escolhido por votação directa, seja por delegados, a verdade é que tem sempre de passar nos crivos dos comités e comissões; ou como a Comunicação Social gosta de dizer: ter apoios entre os "barões" do partido. A verdade é que nenhum partido conseguiu ainda arranjar um método que tenda a escolher o candidato "indicado", com perfil de bom administrador e talvez mesmo justo; em vez de alguém, provavelmente carismático, mas cujas qualidades dizem respeito a manobras políticas, intrigas partidárias e similares. Ou seja, pessoas sem qualquer moral, ética ou empatia.

Claro que isto também acontece em negócios e grandes empresas, e aí já é suficientemente mau. Mas na política piora muito. Nas empresas, ainda pode haver o filtro do trabalho e dos resultados, se a empresa tiver o costume de escolher os seus CEOs entre os próprios quadros. Enquanto nos partidos estes "filtros" são sobre a sua capacidade de intrigar e manipular. De saber ser subversivo e depois persuasivo. Não se esqueçam que persuasão inclui sempre um componente de força, de ameaça. Pelo menos na política real.

Mas o problema verdadeiro é que a política dá acesso a um tipo de poder diferente. Dá acesso a um poder que usa a força de forma legal. Pior: dá poder para decidir o que é legal – iria dizer "dentro de certos limites", mas o calibre dos actos, dos políticos actuais têm-me levado a concluir que esses limites estão, novamente, a ser levantados.

Segundo, e mais importante, por causa das palavras, palavras como as que vimos, liberdade e democracia; mas também igualdade, justiça, desenvolvimento, educação... e por aí fora. São palavras que significam coisas diferentes para cada pessoa. Já vimos isso com liberdade, que significa algo totalmente diferente consoante quem o diz. Bem... leiam mesmo Gustave le Bon! Ou, se preferirem algo mais moderno, leiam Isaiah Berlin, ou mesmo os livros do tal Rogue Hypnotist, sei que podem parecer parvos, e despropositados deste tema, mas são bons; e, se os lerem, perceberão a relação. Mas a questão é que ao usarem tais palavras em proveito próprio alteram o seu sentido. Alteram a percepção e a ligação emocional ao que as pessoas consideram liberdade, justiça, educação... no fundo conseguem que as pessoas entreguem a ligação emocional que estava reservado a algo bom, como a justiça, a algo mau como aquilo a que os políticos chamam de justiça - por exemplo ser legal (e portanto "justo") que os políticos mintam para receber subsídios indevidos.

Bem sei que a semântica muda com o tempo, muitas palavras mudam de sentido. Mas aqui o problema é justamente as palavras não mudarem realmente de sentido. O seu sentido é que passa a ser usado para o fim oposto.

O importante acaba por ser não ligar às palavras, não ligar às intenções, não ligar, no fundo, à forma. Concentrarmo-nos no concreto. Não interessa se a medida se apresenta "em defesa da liberdade", a medida vai aumentar a minha liberdade concretamente, ou não? Recordemos novamente a Revolução Francesa. Em nome da justiça, introduziu os crimes de opinião, com direito a execução sumária. Em nome da igualdade, retirou o direito de voto às mulheres[52]. Em nome da fraternidade, dividiu a Nação, ou os franceses, se preferirem, entre os bons e os inimigos. E, como Robespierre descobriu, o facto de hoje se pertencer aos bons não significa que amanhã não se seja considerado um inimigo. Sempre com direito a execução sumária!

Os políticos valorizam a forma sobre o conteúdo, o abstracto sobre o concreto. Cabe a nós, portanto, valorizarmos o conteúdo acima da forma, e o concreto acima do abstracto. No fundo, temos de julgar as acções e os seus resultados, não as intenções e a beleza da apresentação. Não interessa que uma ideia seja "bonita em teoria"; interessa que não seja maligna na prática. Por exemplo, a frase "De cada um de acordo com as suas capacidades, a cada um de acordo com as suas necessidades" pode parecer bonita, quando é dita. Mas começa a tornar-se complicada quando começamos a pensar quem definirá as minhas capacidades e as minhas necessidades. Dá origem às piores tiranias quando se tenta aplicar na prática... mesmo se fosse aplicada por pessoas com boas intenções, o que nunca aconteceu ou acontecerá – mais não seja porque uma pessoa bem intencionada nunca usaria um meio tão tirânico.

A política é onde é mais importante lembrar-nos que se um problema complicado parece ter uma solução simples... é porque estamos enganados, muito, mas muito provavelmente. O erro mais comum é ignorar completamente o problema. Normalmente, quando se pede às pessoas para descreverem uma sociedade perfeita o que elas descrevem são pessoas perfeitas. Ou seja, fariam isto e não aquilo, seriam correctas, umas com as outras, seriam justas. Com tais pessoas... qualquer modelo de sociedade se tornaria perfeito! Um modelo guiado pela máxima "de cada um de acordo com as suas capacidades, a cada um de acordo com as suas necessidades" funcionaria perfeitamente **se** as pessoas fossem perfeitas. Se não se esforçassem por fazer menos que as suas capacidades, se não tentassem ter muito mais que as suas necessidades. No fundo, se as pessoas fossem todas perfeitas. Felizmente as pessoas não são assim!

As pessoas são complicadas. Os seus problemas também.

E mais: os problemas continuam, basicamente, a ser os mesmos de sempre. Os romanos, durante a República, começaram a ter problemas com os políticos. Criaram então o cargo de censores. Que verificavam se os restantes políticos procediam de acordo com a lei e os costumes. Claro que o problema passou a ser os censores usarem o seu cargo em benefício próprio. No fundo, o maior problema político... continua a ser esse. Os censores controlam os políticos, mas quem controla os censores?

Outro erro comum é aquele problema dos nomes. Dizemos "Estado" e parece-nos quase que existe um ser autónomo e real, chamado Estado. Não existe. Existe uma ideia, mais ou menos comum e difundida. Mas o que existe são pessoas, pessoas que, dirão, trabalham para o Estado. Mas de quem é que essas pessoas recebem ordens? No fim trabalham todos para políticos, ou pior, para um político. Podem dizer que trabalham para a instituição, qualquer que ela seja, mas, naturalmente, alguém manda nessa instituição. Ao longo de décadas, uma instituição pode, de facto, criar uma cultura, um conjunto de costumes e procedimentos que a torne mais coerente, mais difícil de manipular, com uma cultura própria. Só que, muitas vezes, as pessoas ficam com a ideia que assim se torna irrelevante quem mande na instituição.

E não é assim. O problema é que normalmente quem chega a uma posição onde tenha poder numa instituição, ou qualquer organização, é justamente o género de pessoa que vai procurar aberturas, qualquer pequena falha ou omissão nos regulamentos que lhe permita tirar vantagem. Que lhe permita pôr a instituição a servir os seus interesses pessoais de curto prazo, em vez dos objectivos que levaram à sua criação. E, claro, o seguinte já terá o caminho mais aberto, mais batido. Um presidente usa o motorista da instituição para fins particulares, pode causar alguns comentários, mas é compreensível... no presidente seguinte tal já é dado adquirido, já é costume.

Começam com coisas pequenas. Coisas que pareceríamos

picuinhas se protestássemos, se disso fizéssemos um caso. Termina com os ministros a usarem toda a máquina ministerial como bem pessoal de promoção própria e dos negócios da sua família.

Uma pessoa inteligente e precavida tem, no campo político, de se tentar opor sempre à aglutinação de poder, seja por quem for, por mais que digam que é para defender os nossos interesses. Porque o nosso maior interesse é não serem outros a decidirem a nossa vida por nós.

RELIGIÃO

Custa-me a hipocrisia. Toda. Mas aquelas que toda a gente aponta, não sinto a necessidade de apontar também, embora reconheça que fosse fácil. Quero apontar é aquela hipocrisia de alguém que é capaz de falar dos males do racismo, mas depois dizem que as religiões são todas iguais; sem sequer pensarem na contradição! Porque, sabem, as religiões não são todas iguais. Não se trata de uma pessoa acreditar em Deus ou não; ou, como muitos ateus gostam de salientar, *neste ou naquele deus.* Não, as religiões não são todas iguais nos seus resultados e atitudes.

Embora todas as religiões, todas as instituições ou associações religiosas, sejam obras de homens (mesmo que se possa admitir inspiração divina) e, portanto, tenham erros, nem todas erram do mesmo modo. A principal distinção que devemos fazer ao analisar uma religião, seja a Igreja Católica, o Islão, o Zoroastrismo, Xamanismo, Socialismo ou mesmo o Pastafarianismo, é o modo como tratam os outros, ou melhor, os 'piores' dos outros. Entenda-se, aqui, aqueles que não só não acreditam, no mesmo que nós, como têm crenças ou comportamentos que, por algum motivo, consideramos ofensivo.

Temos de o compreender e recordar, a nossa liberdade termina onde começa a do outro. E não há direito, absolutamente nenhum, de se ultrapassar esta linha. Quaisquer que

169

sejam os motivos. Não interessa se é bem-intencionado, nem mesmo se é "vontade de Deus"... ou o "curso inevitável da história". Seja em religiões ou em culturas, há hoje a tentação de dizer "é uma cultura diferente, não temos o direito de impor a nossa"; para justificar não só a inacção como a própria aceitação do que não é, de todo, aceitável. Uma cultura, ou religião, em que alguns tenham "o direito" de impor as suas opiniões (que normalmente acabam por ser os seus interesses) aos outros, muitas vezes, valorizando mais os seus vícios que a vida dos outros, não é aceitável. E a questão é que dizer-se que "as religiões são todas iguais" é uma generalização tão má como o pior racismo.

Sei que algumas pessoas ficam espantadas por eu incluir Socialismo nas religiões. E algumas ficam mesmo ofendidas. A razão é simples: estou a considerar religião aquelas crenças irracionais, sem uma base racional e empírica, pelo menos, para quem vê de fora. E acreditem, qualquer cristão é posto nesse lugar praticamente todos os dias. Quase todos os dias há alguém que faz questão de se desviar do seu caminho só para me vir dizer que as minhas crenças são erradas, superstições que deviam ser erradicadas.

Como não me considero melhor que qualquer outra pessoa, creio que se eu aguento, também os outros os conseguirão aguentar... especialmente aqueles que fazem questão de me dizer como as minhas crenças estão erradas e são maléficas. Por isso, sinto-me à vontade para dizer: se houvesse qualquer relação entre Socialismo e Ciência há muito que este teria sido abandonado, pois todas as experiências empíricas deram maus resultados. Já o paralelismo com as religiões é notável, sejam livros sagrados, ou profetas e dogmas que não podem ser postos em causa.

Já a Religião Católica é facilmente acusada de todos os crimes e mais alguns. Os que cometeu, e os que nunca cometeu, mas que continua a ficar bem dizer. Seja dizer que a Igreja ensinava que a Terra era plana, ou o exagerar os efeitos da Inquisição Espanhola – cujos números e os tipos de casos não são nada do que é propagandeado... e devemos recordar que um instrumento do Estado, não da Igreja[53]! Mas não quero estar aqui a refutar acusações. Nem a averiguar quais são verdade e quais não são... mesmo que pense que seria um exercício interessante, se feito honestamente, por um comunista.

Porque, afinal de contas, uma religião, tal como uma árvore, distingue-se pelos seus frutos. Não interessa o que diz "o livro sagrado", seja a Bíblia, o Corão ou o Capital. Não interessa o que diz pretender. Interessa os seus frutos. Interessa o que realmente faz às pessoas, se as torna mais felizes, ou mais infelizes. É que acreditar que devemos matar ou executar os outros, os não crentes, ou os que estão "no caminho do progresso"; não é o mesmo que acreditar que devemos aceitar, amar o próximo.

Acreditar que se deve aceitar a vontade de Deus, não é o mesmo que acreditar que devemos impor "a vontade de Deus" aos outros. E como seria pequenino, um deus que precisasse de nós para impor a sua vontade!...

Finalmente... costumo dizer que sou cristão, a tentar ser católico. Sabem porque quero ser católico? É a tal questão da humildade. De aceitar que há pessoas (muitas) mais sábias do que eu, que já pensaram sobre estes assuntos e chegaram a conclusões melhores que as minhas. A humildade que não compreendemos tudo. Por vezes, pergunto-me se não será este um dos motivos para a Igreja Católica ter Dogmas e Mistérios, para nos recordar de sermos humildes.

Mas, claro, esta humildade não nos iliba de procurar ver os dogmas, quaisquer que eles sejam, pelos seus frutos, pelos seus resultados. Se nos tornam melhores ou se nos fazem mal. Humildade não é o mesmo que burrice e teimosia! Não nos iliba de procurar respostas, tentar ver as ramificações e, acima de tudo, verificar resultados.

A ORAÇÃO

.

Tendo falado tanto de oração ao longo do livro não podia deixar de lhe dedicar um pequeno capítulo, não é? Existem, pelo menos no Cristianismo, essencialmente três tipos de oração. As ladainhas, as declarações de intenções e as conversas com Deus. Naturalmente que não são estanques e, muitas vezes, misturam-se.

Penso que as ladainhas são as que parecem mais estranhas a quem vê de fora. Pode parecer uma série de palavras sem qualquer significado. Pode mesmo parecer um ritual mágico a quem olha levianamente. Como se fosse uma série de palavras que, ditas pela ordem certa, nos permitisse ter controlo... sobre coisas que não controlamos ou, ainda pior, sobre Deus. E tal, como decerto compreenderão, seria uma grande patetice.

Tomemos como exemplo o Terço. Visto de fora pode parecer apenas dizer 53 Avé Marias e cinco Pai Nossos... e mais umas coisas (Glórias, Jaculatórias e Salve-Rainha)[54]. Claro que repetidas tantas vezes (por quem reze mais que eu, para quem reze mesmo regularmente) as palavras perdem o seu significado próprio – embora no Pai Nosso tal não deva suceder! Mas sabem? O importante mesmo não são as palavras, são os Mistérios. Cada conjunto de um Pai Nosso e dez Avé Marias chama-se Mistério, porque somos convidados a contemplar um Mistério, focar-nos num pensamento. Estes Mistérios vão mudando ao longo dos dias da semana, por exemplo à Segunda-feira o primeiro Mistério é A anunciação do Anjo a Nossa Senhora. Assim não importa que as palavras percam o seu significado próprio, porque a sua função é guiar-nos a um estado de meditação, ou de transe.

No fundo, um estado muito semelhante aquele que procuram as pessoas que praticam a meditação, que está tão na moda. E tenho de admitir que de entre todas as "descobertas da pólvora" esta tem o condão de me irritar particularmente, por dois motivos. Primeiro, porque tornam o transe, ou o estado meditativo, em algo exótico. Algo para além da experiência ordinária do dia a dia, quando, pelo contrário, deve fazer parte do nosso quotidiano. O segundo motivo é esta necessidade de ir buscar o exótico, a novidade, para algo que sempre fizemos, por aqui mesmo, ao longo dos séculos. E este aspecto é importante. As pessoas esquecem-se que a meditação tem perigos próprios, além dos perigos associados a seitas[55]. Ou seja, as pessoas confiam mais facilmente num estranho (e muitas vezes são mesmo estranhos) do que em práticas comprovadas ao longo dos séculos. Confiando-se, muitas vezes, justamente à pessoa errada, aquela que usará a sua influência em proveito próprio.

É que, reparem, os vinte Mistérios do Terço podem parecer... beatos. Ou mágicos e sem relação com a *vida real*. Mas a verdade é que nos levam a ver a vida de outros prismas, a uma melhor compreensão da nossa própria vida, como pode acontecer ao lermos um bom romance. Como tenho dito, não é preciso acreditar em Deus ou na Igreja Católica; tal como não precisamos de acreditar num romance de fantasia para ele nos mudar o prisma em algumas questões. Basta saberem que este estado de transe é realmente benéfico, e que a oração não é certamente o pior caminho para o atingirem. Embora também exija prática, claro! Mas ao menos não se põem nas mãos de mantras estranhos ou, pior, guias ainda mais estranhos que os levem até Waco[56] ou semelhante!

Assim os vinte minutos, meia hora, que se passam a rezar o Terço, é um tempo de descanso, em que se sai do Mundo e das suas atribulações. Claro que também há quem reze enquanto faz outras coisas. Enquanto se guia, se espera, se corre, se aspira a casa... Não será bem a mesma coisa, mas seguramente não vem mal ao Mundo por aí. Aliás penso que em situações em que não temos de "pensar" poderá mesmo ser bom, por exemplo, enquanto se corre. Apesar de na cultura ocidental termos um viés contra o transe induzido cineticamente (por exemplo, através da corrida) a verdade é que não há fundamento para tal. Correr é em si mesmo um indutor do transe, se se aproveitar para o guiar com as palavras, com a ladainha da oração, tanto melhor.

Depois, claro, existem orações em que realmente o importante são as palavras. Comecemos pela oração de São Francisco de Assis, que me é especialmente querida:

Senhor, faz de mim

Um instrumento da Tua Paz.

Onde houver ódio, que eu leve o amor;

Onde houver ofensa, que eu leve o perdão;

Onde houver discórdia, que eu leve a união;

Onde houver dúvida, que eu leve a fé;

Onde houver erro, que eu leve a verdade;

Onde houver desespero, que eu leve a esperança;

Onde houver tristeza, que eu leve a alegria;

Onde houver trevas, que eu leve a luz.

Ó Mestre, fazei que eu procure mais

Consolar, que ser consolado;

compreender, que ser compreendido;

amar, que ser amado.

Pois é dando que se recebe,

é perdoando que se é perdoado,

e é morrendo que se vive para a vida eterna.

Nestas, as palavras são importantes porque, muitas vezes, são declarações de intenções. Esta oração é-me tão querida porque propomo-nos a tornar o Mundo melhor, para os outros. Mas, simultaneamente, reconhece-se que é assim que somos felizes, pois *é dando que se recebe*, e que o faço para meu próprio bem. Mais: reparem que o pedido é "faz de mim um instrumento Teu", não é torna-nos especiais! Esta ideia é reforçada pelo verbo *levar* (em italiano, o original, *portare*), porque não pedimos para sermos a Luz, pedimos para a *levar*, o que é bastante mais humilde.

Sabem que se aconselha a quem, por exemplo, quiser deixar de fumar que o anuncie? A si e aos outros? É uma conhecida técnica de motivação. Ao enunciarmos, repetidamente, as nossas intenções ficamos mais motivados para as cumprir.

Esta parte da humildade, de levarmos em vez de sermos, é deveras importante. Se lermos, ou ouvirmos, o Sermão da Montanha, há uma parte em que Jesus diz: Bem-aventurados sereis quando vos caluniarem, quando vos perseguirem e disserem falsamente todo o mal contra vós por causa de Mim. Alegrai-vos e exultai, porque será grande a vossa recompensa nos Céus.

Ouvimos este "grande", e podemos imaginar quem nos caluniou (mesmo que não seja mesmo em nome de Jesus) a admiti-lo publicamente. A ser forçado a reconhecer que mentiu a nosso respeito – e quem, tendo sido caluniado, não tiraria gosto, consolo, de tal situação? Mas, este género de pensamento, que os outros *têm* de admitir, *têm* que perceber que erraram, quase como se a nossa recompensa tivesse de ser maior que a dos outros... não terá muito de orgulho? Quer dizer, não nos devia bastar e satisfazer que as pessoas saibam que os nossos erros não foram aqueles (mas, provavelmente, outros)? Não será maldade esta necessidade de ver contrição nos maldizentes? Como podemos dizer que somos bons, quando desejamos sofrimento a outros, mesmo que seja aqueles que nos fizeram mal?

Agora, claro, estamos a falar da oração como *conversa* com Deus. Onde tentamos ver a nossa vida aos olhos de Deus. Muitas pessoas podem pensar que ver com os olhos de Deus será algo terrível, a julgar cada pequeno erro nosso. Não digo que não nos iremos arrepender, mas não é disso que falo. É de tentar perceber como Deus verá a nossa vida, como lhe parecerão pequenas as nossas atribulações, diante de tantas outras, muito piores. E acima de tudo o que será realmente bom para nós. Porque muitas vezes poderemos ser como aquela criança, que pretende evitar a vacina, por causa da agulha. Sem pesar todos os dissabores, e muitas agulhas, que não ter aquela vacina lhe pode trazer.

Há aquela anedota do homem que, precisando muito, rezava muito a Deus, pedindo-lhe que lhe permitisse ganhar a lotaria. Insistindo no bom uso que faria ao prémio, o modo como ajudaria o próximo... e rezando repetidas vezes o homem insistia no bem que faria e pedia. Um dia, na Igreja, ouviu uma voz: mas não podias ao menos comprar um bilhete?

Creio que Deus não precisaria para nada que o homem comprasse o dito bilhete, ou jogasse no Euromilhões. Não duvido que se Deus quiser que alguém ganhe a lotaria o consiga fazer mesmo sem bilhete. O que o homem talvez pudesse ter feito era em vez de só pensar no que faria com o prémio, pensar se ganhá-lo seria realmente bom para ele. Se não se quereria apenas livrar das suas responsabilidades. Se não quereria apenas fazer boa figura, sem esforço.

Para não falar de todo o bem que poderá fazer sem o prémio. De tudo o que poderá produzir, talvez motivado pela necessidade, sim, mas produto do seu esforço e trabalho. Com outro gosto, com outro valor... e acima de tudo, talvez, melhor para ele mesmo!

Creio que para terminar este capítulo nada melhor que me acompanharem num Pai Nosso, não é? Só uma vez, enquanto pensamos na oração que Jesus nos ensinou[57]...

Pai Nosso

Pai... poderia ser Mãe? No fundo, é um pouco irrelevante, não é? Deus não é, seguramente, nem masculino nem feminino. Terá sido apenas por Jesus viver "numa sociedade patriarcal", como está agora na moda dizer? Ou será porque os pais têm uma atitude mais desprendida, não dos filhos, mas das suas pequenas atribulações? O que os leva a preferir que os filhos aprendam, mesmo que lhes doa. Por curiosidade podemos dizer que Jesus dizia, em aramaico, Baba – ainda hoje ouvido nas ruas e casas de Israel, que significa Papá. Uma relação próxima e íntima. Com alguém que nos pode ralhar, mas que nos abraça e protege – talvez nos proteja ainda mais quando nos ralha, pois aí protege-nos de nós mesmos. E o 'Nosso'? Bem, deve lembrar-nos que não é meu, não é exclusivo, é de todos, especialmente dos nossos 'inimigos'. Que, para Deus, não há filhos e sobrinhos[58]. Lembrar-nos sempre que é Nosso, dos crentes, dos não crentes e até dos políticos... talvez este seja o primeiro passo para começar a compreendê-Lo.

Que estais no Céu,

Céu... sabem... imaginem-se a viver há dois mil anos. Creio que o céu nos pareceria algo inatingível. Mas, mesmo assim, já se fazia a distinção. Que este Céu não é nas nuvens. Nem nas estrelas. Aliás, se fazemos questão de dizer que Deus existe antes disso tudo, é óbvio que nada disso poderia ser a sua morada.

Pensem como é complicado hoje falar do conceito de Universo, do que existirá para lá dele (? - antes do Big Bang, por exemplo) onde o espaço e o tempo não existem e admitam que "Céu" serve tão bem como qualquer outra palavra.

Santificado seja o Vosso Nome,

Santo, do latim sanctu – estabelecido de acordo com a lei. Podemos pensar que este verso vai no sentido de não mencionar o Seu Nome em vão. Mas na verdade não gosto muito desse pensamento: já vimos que a atenção de Deus é total, a cada coisa, por mais ínfima que seja. Nada é em vão, nenhum pequeno detalhe. O problema é as pessoas usarem o Nome de Deus, para algo fora "da lei", para o incorrecto. Esse será, talvez, o pior pecado que existe. Porque pior que o erro que fizermos, só mesmo tentarmos convencer os outros que o fazemos para glória de Deus! Porque aí estamos a tentar pôr a nossa maldade justamente no conceito do que é bom.

Venha a nós o Vosso Reino,

Acredito que esta é a parte mais incompreendida. É que, insisto, o tempo verbal é o presente. É agora, em cada acto, palavra. É no nosso coração, na medida que nos for possível. Porque é disso que se trata: sermos *realmente* felizes, agora. Em grande parte isto é o que eu tento dizer neste livro: é possível sentirmos aqui e agora E depois, claro!

Seja feita a Vossa Vontade,

Assim na Terra como no Céu.

Penso que esta parte se refere mais a aceitarmos de bom grado a Sua Vontade, mesmo que nos custe. Obviamente não se trata de tentarmos nós impor aquilo que imaginamos ser a vontade de Deus aos outros. A vontade de Deus só pode ser expressa por nós próprios, em nós e no bem que tratarmos os outros.

Que seja aqui, como é aí. Que eu contribua para tornar a Terra, o Mundo, mais parecido com o Vosso Reino. Para mim e para os outros – como São Francisco!

O pão nosso de cada dia nos dai hoje,

A mensagem cristã está cheia de exemplos de como não nos devemos preocupar. Que, no fundo, não devemos estar agora ocupados com as coisas futuras, mas com as presentes.

Que a cada dia basta o seu mal: entenda-se, as coisas que temos de tratar hoje. E é realmente um bom conselho, especialmente em termos de futuro.

Aqui temos ainda a questão da humildade, da compreensão que nem tudo depende de nós, mas também da aceitação da bondade de Deus. É um caminho estreito: entre nem tudo depender de nós e pensarmos que não temos influência na nossa vida – o que é depressivo.

Espero que o simples facto de se pensar nesta frase tenha um efeito benéfico nas vossas vidas.

Perdoai-nos as nossas ofensas

Assim como nós perdoamos a quem nos tem ofendido,

Muitas pessoas podem pensar: a capacidade de Deus de perdoar é infinita, a minha limitada... porque devo pedir a Deus que me perdoe apenas na medida da minha capacidade?

Mas, se pensarem na frase, poderão ver que não será esse o significado. Que, entre outros, poderá ser o oposto: levai-me a perdoar assim como Tu perdoas. Ajudai-me a perdoar aos outros, mesmo a quem me faz mal **agora**, de modo continuado... mesmo aos políticos! Pelo menos que eu *tenda* para tal.

Além de outro aspecto: o perdão de Deus significa Paz, verdadeira Paz. Como poderíamos estar em Paz sem perdoar aos outros? Não se pode estar em Paz com Deus sem estar em Paz com os Seus outros filhos, recordem "Pai Nosso", não é?

E finalmente... Para sermos livres, temos de ter escolha. Até no seu perdão, ou pelo menos no nosso sentimento do Seu perdão, Deus dá-nos escolha. É uma oferta, não uma imposição. Não somos obrigados a aceitar o perdão de Deus, podemos recusá-lo. Mantendo vivos os nossos rancores.

Não nos deixeis cair em tentação,

Só depois de admitir que errámos, podemos pedir ajuda

para não errar novamente. A vida, e em certo sentido Os Outros, ensinam que, afinal, até há bons motivos para o que a Igreja, com mais de dois mil anos de experiência, considera errado e tentador. Mas isso vai-se aprendendo. Se pensarmos que queremos manter-nos fiéis ao nosso propósito, ao que decidimos no nosso coração, já não será mau!

Afastar-nos do que parece fácil, do que parece proveitoso. Que não nos deixemos enganar pelas aparências... mas aqui não falamos dos outros, não falamos das pessoas que parecem boas, sendo más. Não. Aqui falamos de nós. Da nossa tendência para procurar soluções fáceis, que não nos deem nem trabalho nem aborrecimentos ou confrontos. Da nossa tendência para nos enganarmos a nós próprios...

Mas livrai-nos do Mal.

Que o mal é algo diferente do cair em tentação. Quem cai pode levantar-se e seguir caminho. O mal não é uma falha, um erro, ao tentarmos seguir o propósito do nosso coração; aquilo que **queremos**. Não, o mal é querermos algo errado no nosso coração, à partida. É quando as tentações deixam de o ser, para serem os caminhos escolhidos.

Todos errámos. Todos pensámos, em alguma altura da nossa vida, que algo, alguma coisa, era o *mais importante de tudo*. Por vezes podemos pensar que não vem grande mal ao Mundo por isso. Que mal virá ao Mundo se eu pensar que o dinheiro é o mais importante de tudo? Desde que não roube, não burle... e sabem? Aí está. Esse "desde que" já significa que, felizmente, há algo mais importante que o dinheiro. Pensar que "o dinheiro é o mais importante desde que", pode ser errado. Mas ainda não está ao nível do mal, de pensar que "o dinheiro é a única coisa que me importa", quando decidimos que, por algo, estamos dispostos a abandonar os outros, a nossa humanidade, Deus.

Pensem nisto como um exemplo do que se pode pensar enquanto se diz uma oração onde o importante são as palavras.

Onde o importante não é dizê-las, mas entendê-las. Porque ao entendê-las pode ser que comecemos a entendermo-nos também.

A CULPA

Gosto de imaginar que tenho leitores diversos. Que alguns deles chegarão a esta parte e dirão: Ahh!! Eu sabia!! Os católicos andam sempre com a culpa atrás!!

Mas... quero chamar-vos a atenção para um pequeno pormenor: os católicos dizem "Por minha culpa, minha grande culpa". Ao contrário de alguns que andam por aí a culpar os outros, muitas vezes até por coisas que são responsabilidades deles; ou mesmo coisas que se passaram antes dos 'culpados' terem nascido!

Ter culpa, é ter responsabilidade (não **a** responsabilidade). Devemos recordar-nos disto, que por si só evita muitos erros. Por um lado, uma pessoa não pode ter responsabilidade no que se passou antes dela nascer, pois não? Por outro ter responsabilidade não implica, não obriga a ter má intenção. Finalmente, uma pessoa deve assumir as suas responsabilidades, as suas escolhas e decisões. Mesmo que condicionada uma pessoa continua a ser responsável pelas suas decisões – embora naturalmente se possam tornar mais compreensíveis para os outros.

Ou seja, quando dizemos "minha culpa" estamos, de facto, a analisar o nosso contributo para algo que correu mal. O conceito de "um culpado" pode ser extremamente inútil; mas o conceito de analisar a nossa culpa, o nosso contributo, antes sequer de iniciar uma conversa pode ser extremamente útil.

Conceito aliás bem explicado no livro *Difficult Conversations* (de Bruce Patton, Douglas Stone, and Sheila Heen, 1999), que dificilmente poderá ser considerado um livro de inspiração católica. Creio que só por acaso bebeu alguma da sabedoria católica. No fundo, é um livro que explica algo que foi dito há mais de dois mil anos, mas que, pelos vistos continua muito difícil de entender.

Esta ideia de, quando algo corre mal, começar por averiguar o nosso próprio contributo torna as conversas muito mais produtivas. Leva os outros, em princípio, a avaliarem também os seus contributos. Porque muitas vezes "o culpado" é o processo, é o modo como se faz, que, naturalmente, permite falhas; mas pode ser melhorado se a tal dedicarmos as nossas energias... em vez de as gastarmos na busca de um bode expiatório.

A culpa tem algo de muito curioso: é sempre em relação aos outros, ou alguém nos prejudicou, como vimos acima, ou fomos nós que prejudicámos, magoámos alguém. Quando fazemos algo que apenas nos prejudica a nós, podemos sentir-nos muito estúpidos... mas não nos sentimos culpados – só que ao prejudicarmo-nos a nós, muito dificilmente não estaremos a prejudicar alguém por arrasto. Como filhos e familiares, mas mais não seja porque é muito difícil conseguir-se que ninguém se importe mesmo nada connosco – mas não impossível, como algumas pessoas já demonstraram.

Este sentimento de culpa só se sente quando fazemos mal a alguém. É, por isso, que as pessoas sem empatia não a sentem, por vezes, confundindo-a com vergonha. Podem ter o conhecimento do que estará certo ou errado, mas é apenas um conhecimento racional, cognitivo. Como sabermos que o avião é o meio de transporte mais seguro não nos impede de ter receio de voar naqueles finos tubos de alumínio com umas asinhas ridículas. Uma pessoa sem empatia é uma pessoa sem culpa. Quando corrigida vai sempre sentir-se castigada sem ter culpa! Mas antes que comecem a questionar se "teremos o direito de castigar alguém que não tem culpa" lembremo-nos de três coisas: as acções são boas ou más em si mesmo, independentemente das intenções e da "culpa"; o conhecimento cognitivo é suficiente para tomar uma decisão e, finalmente, a função do sistema penal não deve ser "punir o culpado" (por mais que hajam casos em que nos apetece), mas sim reintegrar (quando possível) e **defender** a sociedade. Sim, porque eu penso que a sociedade tem o direito e o **dever** de se proteger.

Por outro lado, existe esperança: sabem que eu acredito que as pessoas inteligentes escolhem as melhores opções; aquelas opções que as beneficiam a elas próprias e também aos outros. Tal como explicado por Carlo M. Cipolla, na sua Teoria Geral da Estupidez Humana.

Sim, não será como eu gostava de imaginar, que as pessoas inteligentes, sem empatia, escolham as melhores opções, em termos éticos, poderá ser pedir demais. Contudo, pelo que entendo, veem razões racionais para tomarem decisões eticamente correctas. Mesmo sem culpa, sem empatia. Apenas porque, a longo prazo, são as opções mais inteligentes.

Parece-me que a culpa tem um papel de guia. Uma pessoa inteligente, com ou sem empatia (e, portanto, culpa) escolherá opções inteligentes, em princípio. Contudo uma pessoa... digamos menos dotada a nível de planeamento escolherá opções piores, a menos que guiada pela culpa e empatia.

MORTE

Conta-se que Patton, ainda na Primeira Grande Guerra, encontrou um soldado traumatizado, petrificado com a perspectiva de morrer. O soldado estava na Frente há dois meses, enquanto a esperança de vida média na Frente, para um soldado americano, eram cerca de seis semanas.

Patton explicou-lhe que não só já estava morto como já devia duas semanas à campa. De qualquer modo já tinha morrido: se recuasse era executado como desertor, se avançasse, pelo que o soldado dizia, morreria em combate; fosse como fosse já estava morto. Portanto, para ele (para o próprio soldado) era indiferente. Mas, seria mais simpático morrer em combate do que obrigar camaradas a executá-lo; mais simpático a família saber que morrera como um herói do que como um cobarde. Consta que o soldado sobreviveu para contar aos netos.

No fundo, é preciso aceitar a morte para se viver plenamente. Se temermos a morte ela torna-se nossa senhora, fica com demasiado controlo sobre a nossa vida. Quando nos lembramos que de facto já estamos mortos, libertamo-nos. Tal não significa viver uma vida perigosa, ou procurar perigos, como alguém viciado em adrenalina. Tal significa não deixarmos que a possibilidade de morrer nos paralise.

A morte também nos aparece como imagem da crescimento e mudança. É esse o significado do baptismo, presente em quase todas as religiões. Morre o velho, nasce o novo, muitas vezes com um nome novo. Com sorte, poderemos observar este processo algumas vezes na nossa própria vida: quando acontece algo que nos muda de modo apreciável. Mesmo que não seja tão dramático como o que sucedeu a Saul, que se tornou (São) Paulo. Eu gosto de pensar que todos os dias me sucede um pouco. Que todos os dias me liberto de um pouco do que não sou eu.

Claro que não se deve procurar a morte. Aliás deve mesmo ser a última coisa a fazer. Só não a devemos evitar *a todo o custo*. O que é aborrecido mesmo na morte é levar quem nós gostamos. Leva-nos amigos, familiares... e, se Deus quiser, pai e mãe. Porque, perder mãe e pai é uma grande dor, uma dor, uma ausência que nos fica para o resto da vida. Mas, não sejamos egoístas, e compreendamos que perder um filho (ou filha, claro) é pior.

Penso que sabem que uma das pessoas que mais admiro é a minha Mãe. Foi-me levada muito cedo, pelo menos do meu ponto de vista. Mas sabem? Também já dei por mim a pensar "ainda bem que a minha Mãe foi poupada a ver certas coisas". Acredito que as saiba à mesma, claro. Mas pode-as observar de um ponto de vista vantajoso. Já perfeita e com um melhor entendimento que o meu, ou o de qualquer um de nós. Acredito que as coisas que a magoariam e deixariam ultrajada, se estivesse viva, vê-as agora ao lado de Deus, com a sua compaixão, misericórdia e entendimento. Que as vê sem dor.

Não seria egoísmo meu? Querer que a minha Mãe passasse por mais provações só para eu ter o conforto da sua presença física? Claro que seria. Gosto de imaginar que um dias os meus filhos pensarão assim... ou seja, que a minha presença física lhes traria conforto. Gostaria de pensar que não passarão por situações em que pensem "ainda bem que o meu Pai não tem de ver isto".

Há muitos anos que não temo a morte. A dor, agulhas e água gelada... sim, isso incomoda-me. A minha morte? Apenas me custa pensar em quem deixo para trás. Os meus filhos, acima de tudo. Mas também a Sofia, a quem acabei de prometer companhia para o resto da vida... seria uma promessa muito pequena!

E agora que acabei este livro, que vi que tem mais de cinquenta mil palavras... penso: aposto que aí eles iam ler.

Post scriptum: aquilo de eu dizer que queria ser contrabandeado para uma certa lasanha industrial, que dizem melhor que a minha artesanal, era uma piada. Podem fazer como quiserem, como acharem bem. Apenas se lembrem que estarei sorrindo ao ver cada "decisão difícil" vossa, cada razão para acharem que "o pai ia preferir assim".

E lembrem-se de sorrir também. Especialmente nesse dia. Ou noite... de preferência noite, durante o sono.

ANEXOS

O MÉTODO DE
BENJAMIN FRANKLIN

Benjamin Franklin foi, sem dúvida, uma personalidade deveras curiosa. A sua autobiografia sem dúvida que merece uma leitura. A sua dedicação à Ciência, Política e Jornalismo, tornam a sua vida preenchida e extremamente interessante. E a versão electrónica dos Clássicos de Harvard é gratuita e inicia-se exactamente com a sua autobiografia.

Contudo não posso deixar de notar que... numa vida tão... valorosa, aparece algo curioso: o clube Junto[59], ou Leather Apron Club. Não pomos em causa as boas intenções de Benjamin Franklin. Contudo pomos em causa se teria sido mesmo boa ideia: um clube secreto de pessoas influentes, com um organigrama em pirâmide, com cada membro a fundar uma sucursal com outros membros, que ignoravam o elo acima... embora se compreenda a boa intenção não podemos deixar de pensar nos danos que tal género de sociedades podem trazer. É o problema dos comités e sociedades secretas. Sendo Franklin o membro mais proeminente e quem escolhe os restantes, a sua opinião teria tendência a ter uma repercussão maior... que a devida, pois a sua opinião tenderia a permear as diversas sucursais, e não o contrário. Embora, em princípio, o Club não tomasse decisões políticas teria a capacidade de as influenciar. Faz lembrar um pouco a maçonaria. E como sempre o grande problema destas sociedades, secretas, é que basta uma maçã podre para estragar o lote: uma pessoa mal-intencionada pode facilmente utilizar uma sociedade destas para maus fins. Porque lhe basta influenciar algumas para conseguir resultados maiores. E sendo uma sociedade secreta a sua obra fica incógnita, podendo alguém provocar os maiores prejuízos sem nunca parecer ter qualquer ligação com o assunto.

Mas, deixemos este assunto para reflexão, e vamos ao que nos interessa aqui. O método que Benjamin Franklin desenvolveu aos vinte anos, para se tornar mais virtuoso. O primeiro passo, já vimos, foi definir as virtudes em que procurava melhorar. São elas:

1. Temperança: Comer e beber moderadamente.

2. Silêncio: Que não fale se não beneficiar a outros ou a si mesmo. Evitar conversa trivial.

3. Ordem: Que todas as coisas tenham o seu lugar, que cada ocupação tenha o seu tempo.

4. Resolução: Resolva fazer o que deve, não falhe na execução do que resolve.

5. Frugalidade: diríamos, seja poupado. Não gaste que não seja para fazer bem a outros ou a si próprio.

6. Industrialidade: Não perca tempo. Ocupe-se sempre de algo produtivo, corte nas acções desnecessárias.

7. Sinceridade: Não use ardis penosos, pense de modo inocente e justo e, se falar, fale desse modo.

8. Justiça: Não engane por actos, ou omitindo benefícios que sejam seu dever (dar a outros).

9. Moderação: Evite os extremos. Abstenha-se de se ressentir tanto quanto acha que deve.

10. Limpeza: Não tolere sujidades no corpo, na roupa ou na casa.

11. Tranquilidade: Não se perturbe com ninharias, ou com acidentes comuns ou inevitáveis.

12. Castidade: Evitar sem ser por saúde ou para a procriação. Nunca por fraqueza, simples prazer; especialmente pondo em causa a paz ou reputação, sua ou de outrem.

13. Humildade: Imitar Jesus e Sócrates.

Sócrates, o grego, claro. Que o "nosso" já é suficientemente imitado pelos nossos políticos.

Foi o que consegui traduzir... não se esqueçam que está em inglês do século XVIII! E, nesse aspecto, é engraçado ver como as palavras evoluíram. Podem dizer que o pensamento do que são virtudes também terá mudado. Mas isso é mais discutível. Realmente vivemos numa época menos casta que o século XVIII, mas isso parece ser cíclico.

O mais interessante, contudo, é que Benjamin Franklin tinha a ambição de ter uma vida virtuosa, mas contava falhar. Para se melhorar organizou umas folhas com estas virtudes e os dias da semana, para marcar as suas falhas:

FORM OF THE PAGES.

TEMPERANCE.
Eat not to dulness; drink not to elevation.

	Sun.	M.	T.	W.	Th.	F.	S.
Tem.							
Sil.	*	*		*		*	
Ord.	*	*	*		*	*	*
Res.		*				*	
Fru.		*				*	
Ind.			*				
Sinc.							
Jus.							
Mod.							
Clea.							
Tran.							
Clas.							
Hum.							

Note-se, contudo, que não atacava as virtudes de uma vez! Isso, pensou, seria uma fórmula para o desastre. Cada virtude tinha a sua semana. Assim, uma folha destas dava para treze semanas, durante cada uma das quais Franklin iria assentando as vezes que falhava nessa virtude. Nesta folha pode-se ver que se debatia com a Ordem. Eu diria que é típico das mentes geniais! E não o digo apenas por também ter esse problema. Bem... infelizmente, para mim, embora muitos génios sejam desarrumados, poucos desarrumados são realmente génios.

Ao fim de cada ciclo de treze semanas reiniciava o processo. Esperando que, ao longo do tempo, as suas prestações fossem melhorando. Não sei porquê, mas fico com a ideia que Franklin iria adorar ter acesso às folhas de calculo modernas.

Claro que este processo pode ser utilizado ao contrário. Um individuo pode pensar nos seus piores defeitos e decidir-se a combater um por semana. Podem ser mais, ou menos de treze. Benjamin escolheu treze também porque quatro vezes treze dá cinquenta e dois: o número de semanas de um ano. Ou seja, cada folha é um trimestre. Mas nem todos têm de ser tão... metódicos.

Claro que alguém pode argumentar que Franklin era um pouco exagerado. Organizava também o seu dia... de modo muito industrioso, ou produtivo como diríamos hoje:

The morning question, What good shall I do this day?	5	Rise, wash, and address *Powerful Goodness;* contrive day's business and take the resolution of the day; prosecute the present study; and breakfast.
	6	
	7	
	8	
	9	Work.
	10	
	11	
	12	Read or overlook my accounts, and dine.
	1	
	2	
	3	Work.
	4	
	5	
	6	Put things in their places, supper, music, or diversion, or conversation; examination of the day.
	7	
	8	
	9	
Evening question, What good have I done today?	10	
	11	
	12	
	1	Sleep.
	2	
	3	
	4	

Acordar às cinco com a questão "Que bem devo fazer neste dia?". Levantar, lavar-se, rezar, planear o dia, tomar a resolução do dia, estudar e pequeno-almoço até às oito.

Das oito ao meio-dia, quatro horas de trabalho.

Pausa de duas horas para ler ou rever as suas contas e almoçar.

Mais quatro horas de trabalho, até às dezoito horas. Seguiam-se mais quatro horas para arrumar as coisas, jantar (ou ceia), música, conversa ou outra diversão e examinação do dia.

Terminando o dia com a questão "Que fiz de bom neste dia?".

Tenho a impressão que Franklin mantinha esta rotina no Sábado... mas, espero, não no Domingo. Penso que a parte mais fantástica são as três horas de manhã, a preparar o dia. Porque, afinal de contas, oito horas de trabalho é "o normal". O que não é assim tão normal era a intencionalidade que Benjamin Franklin punha nas suas ocupações. E isso vem de planear o seu dia. E de dedicá-lo.

É inspirador, não é?

Também gostava que me inspirasse mais, mas ando a tentar.

NECESSIDADES HUMANAS

L ista retirada, traduzida e adaptada do livro *Powerful Hypnosis: Revealing Confessions of a Rogue Hypnotist*. Sim, sei que o título parece parvo, mas o livro é bom!

1. Comida saudável, água, habitação, aquecimento, ar fresco, sono e descanso. Penso que este ponto dispensa explicações.

2. Segurança e estabilidade. Incluí segurança no trabalho, a capacidade de ganhar o suficiente para si e para os seus. Inclui segurança no país. Inclui não (ter de) viajar demais.

3. Natureza. Não nos esqueçamos que somos animais. Não é suposto vivermos em cidades. Precisamos do contacto com a Natureza, que nos acalma e relaxa.

4. Amar e ser amado. Todos precisamos. De dar, cuidar e receber cuidados. Não é por acaso que nos sentimos bem quando ajudamos outros... mesmo quando ninguém está a ver!

5. Uma boa família, família alargada e amigos. Nem

todos temos a sorte de nascer numa boa família. Mas todos precisamos. Precisamos de manter amizades duradouras. Precisamos do apoio dos nossos familiares. Um dos problemas da sociedade moderna é justamente a destruição da família – o que causa ansiedade, depressão e em casos extremos psicoses.

6. Exprimir os nossos talentos. Todos temos alguns talentos, aquelas coisas que fazemos bem. Temos a necessidade de os exprimir e receber os elogios honestos. Aqui se pode ver a importância de ter um hobby. Quando é grande chamamos-lhe génio; o que devia ser cuidado e incentivado. Infelizmente o que vemos no ensino publico é a tendência para a mediocridade, onde os talentos (e muito menos o génio) não são nutridos nem apreciados!

7. Aceitação. Sermos aceites por quem somos. Não pelo que fazemos, temos ou dizemos. Mas apenas pelo que somos. Isto também inclui liberdade religiosa e livre pensamento. Esta liberdade é muitas vezes retirada em cultos e seitas e manipulada em muitos grupos da sociedade para os seus próprios fins. Inclui também a liberdade de homens serem homens e de mulheres serem mulheres.

8. A Liberdade. Inclui privacidade e espaço pessoal. Precisamos de ter espaço para pensar. Dizia George Orwell que os romanos mantinham os seus escravos extremamente ocupados, para não terem tempo para pensar. Não só precisamos de ter tempo para pensar (o que é cada vez mais complicado, em parte devido aquelas coisas – como redes sociais e jogos - que nos distraem), como temos de ter a capacidade de influenciar o local onde vivemos – o que nos parece cada vez mais difícil.

9. Significado. Temos de viver uma vida com significado. Perseguir os nossos sonhos e ambições. E sentir que dependem de nós. Ter ocupação que nos dignifique, que torne a nossa contribuição importante.

10. Mimos. Todos precisamos de mimos, de carinho, de brinquedos, de entretenimento e de lazer.

11. Tribo. Estar ligado a outros, através de Religião, crenças, valores. Uma língua, um país uma cultura. Pode dar-se no desporto, na universidade e nas boas empresas (ou más, se apenas o usam em proveito próprio). Algumas pessoas chamam-lhe estar ligado a "algo maior que nós". A desculturação é, de facto, um factor importantíssimo de stress, aliás não é por acaso que a ONU define genocídio como a destruição de um povo *e da sua cultura*.

12. Usar o corpo vigorosamente... bem, em minha defesa lembro que todos os humanos são individuais. Uma necessidade pode ser mais premente nuns que noutros. Mas sim, existe a necessidade de nos exercitarmos, presente desde a infância. E de... humm... usarmos o nosso corpo como adultos.

13. Verdade. Temos uma curiosidade natural. Queremos saber a verdade. Esta necessidade pode, claro, ser adormecida por preguiça ou doutrinação. Caso em que as pessoas têm uma má atitude com quem lhes diz a verdade.

14. Criatividade. Somos seres criativos. Criamos casas, negócios, estátuas, quadros... as crianças têm o hábito de tocar instrumentos musicais, pintar e desenhar: ficam contentes. Porque motivo os adultos têm a mania de cortar esta fonte de bem estar?

15. Necessidades espirituais. Não significa obrigatoriamente religião – aliás temo que algumas, ou o modo

como são apresentadas, são simples aproveitamentos desta necessidade. Como prova de que temos necessidades espirituais podemos pensar porque ficará um cientista, ateu, triste ao pensar no fim do Universo (dentro de uns 14 biliões de anos). Espero que eu tenha ajudado, mesmo que um pouco, neste aspecto...

16. Sexo. Sim, num adulto é uma necessidade (por regra). De sexo que preencha, que tenha significado. Não é uma necessidade física. Embora quem não consiga preencher esta necessidade possa usar sucedâneos... com resultados que não são os mais felizes. Acontece também não se reconhecer esta necessidade, por motivos religiosos, por exemplo, caso em que os resultados já dependem da convicção.

17. Reprodução. A maioria das pessoas tem o desejo profundo de se reproduzir, de ter filhos. Quem não tem crianças na sua vida, sejam filhos ou sobrinhos (mesmo "emprestados"), está a perder uma das maiores fontes de alegria dos humanos. Aliás algo que se nota é como algumas pessoas que negam esta necessidade, de modo absolutamente racional, desenvolvem problemas psicológicos...

18. Justiça. Embora por vezes possa não parecer os seres humanos têm a necessidade de justiça. Nascemos já com esse sentido de: quem tem crianças ouve-as dizer "Não é justo!". Nenhuma sociedade humana é de facto justa, mas quando a Justiça falha mesmo, a sociedade colapsa. Normalmente, em revoluções sangrentas. Devíamos lembrar os nossos políticos disto mais frequentemente – para evitar chegar a tais extremos.

19. Fazer coisas que nos absorvam. Ou, como se diz em

psicologia: fluxo. Aquele estado em que estamos tão absorvidos que nem damos por nada, em que descemos uma pista de ski e nem nos lembramos de como, porque estávamos totalmente imersos... na zona[60]. Também ligado à hipnose, ao transe e meditação.

20. Sentirmo-nos bem. Termos aquela sensação de bem-estar, ou falta de sensações. Quem já tiver batido com um dedinho num móvel, ou pisado um lego, sabe como gostaríamos de voltar instantaneamente ao estado anterior de não termos... sensações desagradáveis! Claro que esta necessidade também nos pode levar a comer demasiado, a beber ou a procurar remédios num psiquiatra; quando o que "não está bem" é mais complicado que um dedinho magoado (sim, eu sei que dói o bastante!).

Esta lista é o desenvolvimento da teoria de Maslow[61]. Pode parecer muito extensa, mas, em certa medida, não é exaustiva.

E, claro, uma boa avó é muito melhor que qualquer lista. Normalmente, as avós sabem o que faz realmente falta na nossa vida. Mas, à sua falta, esta lista é boa para, pelo menos, nos dar ideias do que pode faltar na nossa vida.

SINAIS DE ALERTA

Já que o Dr. Hare passou a vida a tentar definir estas pessoas, sem o conseguir, não nos vamos perder aqui a tentar. Basta saber que a falta de empatia é condição necessária, embora não suficiente. Ou seja: para ser uma destas pessoas uma pessoa tem de ter uma empatia embutida, embora tal não signifique que uma pessoa sem empatia seja, obrigatoriamente, um desses... cretinos. Bem, uma pessoa destas.

Talvez pudéssemos recorrer ao *Manual de Diagnóstico e Estatística das Perturbações Mentais*, não é? Afinal de contas alguém já estudou estes assuntos mais a fundo que nós e chegou a algumas conclusões. Pelo menos, o suficiente para elaborar quatro diagnósticos de distúrbios de personalidade agrupados no Cluster B (Distúrbio de Personalidade Narcisista, Borderline, Antissocial e Histriónica – que hoje já só deve servir para descrever a Lady Gaga). Todos estes distúrbios estão caracterizados pela falta de empatia e... digamos alta probabilidade de indicar realmente uma pessoa destas.

Mas o problema não é o *Manual de Diagnóstico e Estatística das Perturbações Mentais* ter mudado recentemente o seu sistema de listas de sintomas, check lists, para um sistema de eixos, que embora reconheçamos que será mais útil para os profissionais da área, se torna complexo demais para aqui (bem, e para mim). A questão é que mesmo as antigas check lists, que poderíamos usar, não são bem o que pretendemos aqui. De que nos serve saber as condições de diagnóstico de determinado distúrbio se depois não sabemos a partir de que grau serão significativas? No fundo, todos, por vezes, mentimos, agimos sem demonstrar empatia ou magoamos outros para nosso proveito. E, afinal de contas, essas listas podem ser facilmente consultadas na Internet.

A isto se junta ainda uma questão sobre a Evolução a que muitas vezes não ligamos. Quando uma gata tem uma ninhada não tem quatro ou cinco gatinhos. Nem dois gatos e três gatas, por exemplo. Não, o que quero salientar é que são quatro, ou cinco, seres únicos, que nunca existiram antes. O mesmo, por mais estranho que possa parecer, acontece também com os humanos.

Bem, ninhadas de quatro ou cinco são muito raras entre os humanos! Mas estou a falar do outro aspecto, de cada humano que nasce ser algo único e totalmente novo no mundo. Cada cérebro tem centenas de mutações, numa combinação nunca antes vista. É o que torna cada humano realmente único e impede que encaixe na perfeição em qualquer categorização que utilizemos. E é com isto que o tal sistema de eixos, para os diagnósticos, tenta lidar. O que é certamente bom, mas vem estragar um pouco o nosso gosto por enfiar as pessoas em gavetas (em relativamente poucas gavetas), com uma etiqueta por fora, muito arrumadinhas.

Portanto o que espero dar aqui são algumas observações pessoais do modo de operar (e pensar, na medida do possível) destas pessoas. Alguns sinais que observei de perto e que realmente encaixam com as tais check lists. E a explicação que encontrei para estes comportamentos ou capacidades.

Comecemos pelos estragos. A dor, perdas ou aflições infligidas ao próprio ou a terceiros é condição essencial para qualquer diagnóstico psiquiátrico. No fundo, é aquele princípio de não se arranjar o que não está estragado. A este propósito lembro-me de uma anedota, muito maldosa, mas espero que me desculpem a maldade.

Uma senhora contava a uma amiga o drama da sua vida. O seu marido, a sua irmã, o seu pai... enfim, toda uma série de pessoas que lhe eram próximas tinham morrido de cancro. Perguntou-lhe a outra:

- Já reparaste que tu és o único factor comum a todas essas pessoas?

De facto, quando uma grande série de desgraças acontece sempre à mesma pessoa; ou quando todos os seus colegas, ou patrões, são pessoas terríveis; ou toda a família, antigos namorados ou namoradas são pessoas horríveis, que nunca a souberam apreciar devemos mesmo perguntar-nos se o problema não estará antes nessa pessoa! Afinal de contas ela é o factor comum em todas essas situações. Extremamente indiciante será se, à sua passagem, a vida das pessoas com quem se cruza mude significativamente para pior.

Claro que não podemos pôr de parte a hipótese de ser uma cabala, uma campanha de difamação. Sabemos, por exemplo, a facilidade com que uma turma de jovens adolescentes "pega de ponta" um colega ou mesmo um professor. E através de bullying, mentiras e boatos torna a sua vida um pequeno (ou grande) inferno. Afinal de contas o cérebro destes miúdos ainda não está completamente formado, e a empatia é das últimas coisas a desenvolver-se. Vou deixar de lado a minha sensação que os cérebros humanos andam a amadurecer, ou mesmo a funcionar, cada vez mais tarde.

Voltemos às tais cabalas, mentiras e boatos. A mentira, a falsidade, a burla, é também um sintoma transversal no Cluster B. Aqui o problema divide-se em dois aspectos: a facilidade com que algumas (estas) pessoas mentem e as diversas formas de mentir; que é o que vamos analisar agora.

As mentiras raramente aparecem com rosto de mentira,

claro. Muitas vezes surgem como confidências – o que tem a grande vantagem de tornar a informação inverificável, porque para o fazermos teríamos de trair a confiança de quem nos confidenciou. Como histórias que terão acontecido, ou não, histórias que de preferência nos criem reservas em relação à pessoa em causa[62]. Estas histórias, mesmo que sejam verdadeiras (ou andem lá perto) não têm como objectivo criar laços de confiança. Pelo contrário: têm como objectivo criar desconfiança e distância entre o ouvinte e o protagonista da história (mais usualmente antagonista, claro).

"Nas costas dos outros me vejo eu", diz o provérbio, tantas vezes ignorado. Porque devemos sempre pensar que aquela pessoa que nos conta histórias mirabolantes, e normalmente escabrosas, provavelmente sem qualquer fundo de verdade, sobre as pessoas que lhe são próximas; também o faz, a essas mesmas pessoas, sobre nós. Só que aí, pelo menos algumas vezes, poderíamos ter a certeza que são mentiras (se as ouvíssemos).

Outras, podem surgir como piadas. E aqui, quem me conhece, pode saber que, em parte, sou culpado... mas lembrem-se: é uma questão de grau e intencionalidade. Enquanto uma pessoa normal pode fazer algumas graças sobre o peso, ligeiramente mais elevado que o desejável de um amigo ou amiga, ou sobre a capacidade inaudita de alguém não se calar... uma pessoa destas diz piadas que diminuam o alvo, e, normalmente, não as diz na sua presença! Normalmente, não vemos maldade em piadas. Contudo se alguém se ri sempre que conta como algo correu mal a alguém próximo, ou insiste em fazer piadas que, de facto, diminuem alguém que não está presente, devemos ficar atentos.

A terceira maneira de mentir que menciono relaciona-se com uma sensação que tenho: os Evangelhos omitem muita coisa sobre o Julgamento de Jesus. Dou por mim a pensar se será possível uma multidão ter tanto ódio apenas por Jesus dizer que é Filho de Deus. Por uma questão teológica, que não será assim tão fácil de entender (não dizemos hoje que somos todos filhos de Deus?). Não, a acusação devia conter os piores crimes, os crimes mais repugnantes, que possamos imaginar. Penso eu.

E porque serão omitidos? Porque a menção dessas acusações seria uma mentira maior que a sua omissão. Um pouco como nas confidências, em algumas acusações só o equacionar da sua hipótese é o suficiente para criar distância e desconfiança, quando não repugnância. E se são um pouco como as confidências porque as menciono separadamente? Porque, infelizmente, também tive a oportunidade de as ver em acção de perto. E percebi que a técnica é diferente. Sendo mais parecida com a técnica dos comités e comissões.

Aqui a técnica consiste em juntar um grupo de pessoas ligadas à vítima, mas não a vítima. Funciona melhor se nesse grupo houver alguém que por qualquer motivo queira mal à vítima, ou pretenda desculpar-se de um erro às custas da vítima. O acto de "apenas" levantar hipóteses, de dizer "talvez possa ter acontecido" não compromete como faria uma acusação directa. Mas cria suspeitas no grupo e permite que os outros apenas acenem afirmativamente, mesmo alguém que apenas queira "dar a sua achega" – sim, por vezes, as pessoas são simplesmente maldosas. Admito que esta técnica é extremamente eficaz. Espalhando facilmente boatos e rumores que rapidamente se tornam "factos, que toda a gente sabe". A velocidade a que pode propagar é uma das vantagens de se divulgar logo a mentira num grupo!

Claro que podemos sempre ficar com dúvidas. Afinal de contas uma confidência pode ser mesmo uma confidência. Levantar uma hipótese pode ser fruto de uma preocupação legitima. Como distinguir, especialmente tendo em conta a facilidade com que estas pessoas mentem?

Creio que o melhor será estarem atentos ao facto destas pessoas tentarem tornar-se na única fonte de informação dentro de um grupo (seja na família, entre amigos ou no trabalho). Aí podemos estar certos que se trata de uma pessoa... problemática. Que, não vendo razões para confiar (parece que não se pode confiar sem empatia), tenta controlar (e manipular) toda a informação. Normalmente também com o fim de isolar as outras pessoas, tornando-as mais facilmente manipuláveis, mais frágeis.

E como mentem estas pessoas tão facilmente... e tão convincentemente? Bem, a facilidade creio que vem da falta de empatia. Da falta de vergonha de serem apanhadas. Em último caso limitam-se a explicar que foi um mal-entendido, e inventam outra mentira. O Dr. Hare notou que normalmente usam pacotes de informação muito curtos e, muitas vezes, contraditórios entre si. Como o Bill Clinton quando afirmou algo como "Nunca usei drogas! Só marijuana! E foi só uma vez! E nem inalei!". Curiosamente em vez de vermos isto como o chorrilho de mentiras que de facto é, pensamos "Ele até admitiu que usou marijuana, portanto deve estar a dizer a verdade". Claro que não estava, mas precisamos que nos chamem a atenção para o perceber... excepto a parte de não inalar, essa é estupida demais para qualquer pessoa acreditar. O que diz muito da ideia que Bill Clinton faz da inteligência das outras pessoas.

Esse é outro dos factores que leva estas pessoas a mentirem tão facilmente: acham que todos os outros são idiotas, burros mesmo. E veem essa convicção confirmada cada vez que se desenvincilham de uma embrulhada com uma mentira. Mentira que, muitas vezes, aceitamos porque nos recusamos a acreditar que alguém seja tão... desprovido de princípios? Valores? Humanidade?

Conseguirem mentir tão convincentemente leva-nos de volta à linguagem corporal. No diagnóstico do Distúrbio de Personalidade Narcisista, por exemplo, encontra-se o critério de linguagem corporal estranha. O que significa isso? Significa que, por um lado, uma pessoa pode ter uma linguagem corporal estranha por um motivo sem qualquer relação com estes assuntos. Por outro, uma linguagem corporal estranha provocada por estes assuntos pode-se revelar de modos que não conseguimos prever... bem que eu, pelo menos, não consigo prever.

Mas, inspirado pela minha experiência posso dar-vos alguns exemplos, que, espero, possam aclarar o género de coisa que procuramos. Podem vir, basicamente, em duas vertentes: a dos comportamentos sedutores inapropriados (sim, é um sintoma em Psiquiatria), ou na vertente de exclusão, de ignorar os outros. Por mais contraditório que isto possa parecer à primeira vista.

No primeiro caso, poderão notar uma familiaridade excessiva com alguém que esta pessoa não conhece. Pode ser algo como colocar-se perto demais, abraços, toques ou sorrisos excessivos. Claro que há pessoas assim, que podemos chamar de "dadas". Pessoas que, pelo contrário, têm facilidade em criar laços, mesmo com estranhos. Normalmente são pessoas abertas e francas, podem ter familiaridades inesperadas, mas falta-lhes aquela sensação ligeiramente arrepiante. E claro que também há aqueles parvos, ou parvas, que se acham uns grandes engatatões. Aí espera-se que o sentido de ridículo ultrapasse o arrepiante.

Infelizmente, na realidade, as diferenças não são tão fáceis de distinguir como gostamos de pensar. Nesse aspecto, a vertente de exclusão talvez seja mais útil. Exclusão é o que alguém faz ao resto do grupo quando se quer focar numa só pessoa. Claro que todos podemos fazer isto, quando uma pessoa nos parece bastante mais interessante que as restantes, e todos temos tendência a sentirmo-nos lisonjeados quando somos o foco de tal atenção. A diferença, o que nos deve chamar a atenção, é o sentimento de exclusão provocado nos outros. E a sua consistência – que muitas vezes nos leva a dizer "Fulano é assim, não o faz por mal".

Imagine um grupo de três pessoas. Uma coisa é uma pessoa estar mais atenta, mais voltada para uma delas. Outra, diferente, é uma pessoa colocar-se de modo a ficar com as costas para uma das pessoas – praticamente excluindo-a da conversa. Não, não é distração; não, não é apenas má criação. É um sinal de alerta sério, a que devemos estar atentos.

Outro exemplo de linguagem corporal estranha é o contacto visual. Como já vimos o contacto visual é algo muito pessoal. Comunicamos muito, quando olhamos alguém nos olhos. Um bebé começa, normalmente[63], desde cedo (pelas seis semanas) a procurar os olhos da mãe, a tentar estabelecer contacto visual. O contacto visual é algo que aprendemos tão naturalmente que nem percebemos como o fazemos, um pouco como andar. Estas pessoas, que nascem com uma empatia embutida, não o fazem. Não o aprendem na infância e tentam depois aprender, de modo consciente, um pouco como quem aprende uma língua estrangeira. Criando regras como "olhar nos olhos quando se fala com a pessoa". Mas... as nossas regras são muito mais subtis que isso. Portanto, pode acontecer notar-se que alguém é estranho: ou porque não nos olha nos olhos, ou porque olha demais.

Contudo nestes sinais vindos da linguagem corporal há dois problemas. O primeiro é que temos a tendência para considerar "impressão nossa", ou se conhecemos a pessoa há muito tempo *sabemos* que essa pessoa "é assim, distraída", que "não o faz por mal", que é algo que apenas faz parte dela. Portanto, não ligamos. O segundo problema, claro, é que pode ser aprendido e melhorado. Disfarçado.

Tal como o contacto visual existe ainda todo aquele conjunto de micro expressões, que também aprendemos de pequenos. Para um bebé tudo o que a mãe diz e sente é de extrema importância: afinal de contas, a sua vida depende disso. Portanto, não nos deve admirar que um bebé preste tanta atenção aos mínimos sinais de como a sua mãe está e de como se sente em relação a ele. Desde o tom de voz até às micro expressões (que a mãe faz sem sequer se aperceber).

Sabem aquela série *Lie to me*[64]? Bem, na realidade é um

pouco ao contrário! Nós nascemos e começamos quase imediatamente a aprender a interpretar as micro expressões – a menos, claro, que tenhamos o infortúnio de ter uma mãe não normal, ou não sejamos nós normais. Ao longo da vida começamos a duvidar de nós mesmos. A não ligar, a dizermos que é apenas uma impressão! Que são coisas da nossa cabeça... quando na verdade é justamente o oposto!

Já estas pessoas de quem falamos têm de aprender, mais tarde, a simular as micro expressões de forma consciente, o que é bastante trabalhoso. Por outro lado, tem a vantagem de, depois, lhes permitir mentir de forma extremamente convincente, pois usam, conscientemente, as micro expressões que a maioria das pessoas usa inconscientemente. Por vezes, esta técnica é tão apurada que os ouvintes ficam convencidos que estas pessoas *acreditam* no que dizem. Não, não acreditam. Apenas insistem que acreditam, para serem mais convincentes, ou porque "enganaram-se, mas estavam a ser sinceras". Já nós acreditamos mais facilmente, porque vemos as micro expressões que crescemos e a interpretar como marcas de sinceridade.

Outro aspecto importante a ter em conta é a falta de remorsos. Compreenda-se que só sentimos remorsos porque temos empatia. Só nos custa mentir, manipular, manobrar os outros, porque temos empatia. E é isto que torna estas pessoas realmente diferentes do resto da população. Todos cometemos erros, por vezes erros terríveis. Mas arrependemo-nos e sofremos por isso... em princípio. Algumas vezes, até tentamos remediar os nossos erros!

A falta de remorsos e laços afectivos tornam estas pessoas capazes de maltratarem alguém, alguém próximo, "amigo" ou familiar, durante meses ou mesmo anos a fio, sem problemas. Quer dizer, sem problemas para elas. Com muitos problemas, stress e sofrimento para quem as rodeia. Enquanto garantem, convictamente, que apenas desejam o bem ou que pretendem fazer as coisas como é "correcto e justo". Contudo os seus alvos sentem que, por mais razões que lhe sejam apresentadas, algo não está certo.

Este conflito, esta disparidade, entre "o coração e a razão" vai partindo uma pessoa "normal" por dentro. Lembram-se quando abordámos o problema de ver não um padrão, mas dois, na parte Tudo aceita? Pois... é esse o problema. Sentimos o erro, sentimos que algo não está bem. Sabemos que somos maltratados e injustiçados. Mas, por outro lado, há sempre uma razão, uma desculpa e, acima de tudo, não conseguimos acreditar que os nossos olhos nos mentem. Que alguém seja capaz de nos olhar nos olhos e mentir sem pestanejar. Mais: *vemos* os sinais de sinceridade. *Vemos* os sinais de alguém nos querer bem. E é esta dualidade, entre o que vemos e o que sabemos, que nos confunde.

Estes comportamentos podem parecer um pouco como as birras de uma criança que testa os nossos limites. Mas é diferente... porque estas pessoas vão testar os nossos limites, constantemente e de todas as formas possíveis. Voltando a pressionar cada tema, apresentando novos argumentos, ou os mesmos de sempre como se fossem novos. Pressionando sempre até ao limite, parando apenas para voltar à carga num futuro próximo. Num ciclo sem fim previsível.

Menos ainda parece uma birra de criança porque procuram todas as nossas áreas cinzentas, onde a nossa moralidade não está completamente definida. Onde tenhamos dúvidas sobre o que é correcto ou onde deverá estar a nossa lealdade. Muitas vezes, áreas que nunca imaginámos que fosse preciso esclarecer (por exemplo, devemos mais lealdade ao conjugue ou aos filhos?). Foi por isso que falei nos "selos de Salazar" na parte do casamento. Por isso, insisto que mantenham a lealdade, antes de mais, a valores éticos, à moral. Ou a Deus.

E distingue-se de birras infantis porque estas pessoas, sem remorsos, sem empatia, podem (se for essa a sua inclinação) manter estes... tratamentos, por meses ou mesmo anos a fio. Até levarem alguém à submissão, loucura... ou mesmo à morte.

* * *

Mas sabem... o problema é que podemos ler, podemos até investigar, mas não acreditamos, achamos que é exagero. Ou que serão casos tão raros que não acontecem "na vida real", ou seja, nossa vida, a nós. Parece que sempre que ouvimos que algo de mau aconteceu a alguém tentamos imaginar onde essa pessoa terá "errado"; se iria muito depressa, se terá passado por alguma zona perigosa da cidade a horas impróprias... se terá dado confiança a alguém que "obviamente" não a merecia.

Só que por vezes as pessoas não precisam de "errar" para algo de mau lhes acontecer. Não precisam de ir depressa demais para terem um acidente, não precisam de passar numa zona perigosa para serem assaltadas ou a tal pessoa até parecia mesmo merecedora de confiança.

O mais irónico é que normalmente as pessoas que mais beneficiariam destes conselhos são as que menos os querem ouvir. Simplesmente recusam-se a acreditar que alguém que conhecem "desde sempre" possa ser assim. Ou alguém que admiram. Por vezes mesmo que nos lembremos que "Assim como julgas serás julgado" temos dificuldade em acreditar. Mas, julgar os outros do modo como eles julgam os outros é sempre um bom conselho. Especialmente nestas pessoas, que arranjam sempre os piores motivos para as acções, mesmo que objectivamente boas, dos outros. Mas o princípio pode, e deve, ser aplicado a todos.

Se consegui que ficassem, não com distâncias ou reservas, mas atentos a alguma pessoa que conheçam, penso que consegui os meus intentos. Sei, por experiência própria, como é difícil avisarmos alguém destes perigos. Aliás, penso que a minha Mãe tentou, sem sucesso. Mas se estiverem atentos, como creio que o amor nos pede, estarão mais seguros, mais protegidos.

Por isso, estejam atentos a como se sentem. Uma certa estupefacção diante de certos comportamentos, ou o desconforto por atitudes que nos sentimos obrigados a tomar, ainda são os melhores sinais de alerta. Bem... se de repente se começarem a interessar por distúrbios de personalidade para tentarem compreender alguém que tenham conhecido, tal também será um sinal muito forte! Nesse caso não sejam arrogantes, não pensem que conseguem lidar com tudo, que conseguem resolver tudo. Algumas coisas não têm remédio mesmo. Não têm cura. E muito menos têm cura através de abraços.

Talvez o papel destas pessoas seja mais ensinar-nos o valor daqueles ensinamentos que nos parecem tão assertivos, tão duros, como a Moral da Igreja Católica, por exemplo. Ou ajudar-nos a compreender como os caminhos de Deus são diferentes dos nossos, difíceis de compreender. Porque, se Deus criou estas pessoas, é porque as devemos amar.

Começando por não contribuirmos para que pequem, ao permitirmos que nos maltratem. Fora isso... há pessoas que não lhes querermos mal já é bem que chegue.

NOTAS

[1] Universo é, por definição, tudo o que existe. Contudo, quando os escritores de ficção-científica popularizaram o conceito de poderem existir Terras alternativas, o nome Universos Paralelos pegou... Assim Universo passou a designar apenas tudo o que tenha tido origem no *nosso* Big Bang. Os físicos usam agora a palavra Multiverso, quando se referem a tudo, o que pode incluir vários Big Bangs (separados), ou ainda outras possibilidades de Universos Paralelos. No nosso contexto, não faz muito sentido fazer a distinção, quer exista apenas o nosso Universo "visível" quer exista uma infinidade de outros, as conclusões serão as mesmas.

[2] Talvez mais fácil de encontrar em inglês: *How to Smell a Rat*, Ken Fisher, 2009.

[3] Não podemos esquecer que foi a Sociologia que nos deu a visão Darwinista da História, a visão que as nações, ou grandes grupos étnicos, se portariam como espécies, apenas sobrevivendo a mais forte – não é culpa de Darwin, que nunca disse nada parecido! Esta visão, esta "teoria científica", em muito contribuiu para convencer os políticos, e as pessoas em geral, que a Grande Guerra não só era inevitável como em larga medida desejável!

Pouco depois, deu-nos a visão Organicista das sociedades, em que as sociedades funcionariam como organismos, devendo eliminar as células invasivas e indesejáveis, visão que contribuiu largamente para justificar "cientificamente" a grande maioria dos genocídios do século XX.

Depois de quase cem anos mais recatada, eis que a Sociologia volta a estar na ribalta, mais uma vez a promover o racismo, as generalizações abusivas e a culpabilização de inocentes. Ainda não começámos a ver os efeitos mais nefastos destas "teorias", mas temo que os vejamos em breve.

214

[4] Não cito Jesus para tentar que aceitem como verdade. Apenas como a frase de um homem que *realmente* acreditava em Deus. Creio que também O deveriam ver como um homem sábio. E vê-Lo como Deus e Filho de Deus também não faz mal nenhum, mas é apenas a minha opinião.

[5] Alusão ao sketch da Inquisição Espanhola pelos Monthy Python.

[6] E de facto, alguns estudos sugerem que 'o corpo' toma muitas vezes uma decisão antes da nossa mente consciente. Voltaremos a este assunto quando falarmos de nós e da nossa saúde. Mas se quiserem aprofundar o assunto: https://en.wikipedia.org/wiki/Neuroscience_of_free_will.

[7] Por exemplo, os computadores que usamos actualmente, à base de silicone, têm vindo a aumentar a sua capacidade e velocidade exponencialmente (lei de Moore). Isto é possível reduzindo as dimensões dos circuitos impressos, mas não se reduz apenas em comprimento; a espessura também tem de ser reduzida. Não estamos longe de chegar a espessuras, medidas em átomos, a partir das quais não se pode reduzir mais, sob pena de o computador deixar de ser fiável – devido às flutuações quânticas. Talvez o nosso cérebro já esteja a esse nível!

[8] Peçam a um doutorando do Professor Michio Kaku para calcular essas probabilidades, eles estão habituados. Ou leiam *A Física do Impossível*, do Michio Kaku. Mas, creio que seria preciso esperar mais tempo do que toda a história do Universo para tal ser minimamente expectável.

[9] Jogo de tabuleiro em que cada dado, entre outros símbolos, tem uma caveira, o que é um mau resultado para quem lança os dados. As probabilidades de saírem três caveiras (ou 3 uns, ou 3 seis) são uma em 216. Suceder isto duas vezes seguidas são uma em 46 656. Mas parece que a algumas pessoas acontece mais do que pensaríamos!

[10] De Robert A. Heinlein. Opinião expressa por Jubal, um personagem que parece muitas vezes expressar opiniões do autor. Leiam, que é um bom livro, faz pensar.

[11] Mãe de Adolfo Hitler.

[12] Não digo que todos os porcos dinamarqueses vivam permanentemente fechados, era bom! Infelizmente, em todos os

países o que não falta são porcos à solta... e até admito que possa haver alguma falha na comunicação entre a dita funcionária dinamarquesa e o agricultor alentejano que me contou. Mas a história tem apenas fins ilustrativos. Já todos devemos ter ouvido histórias parecidas!

[13] Primeira Epístola aos Coríntios. A passagem é mais longa e isto é uma síntese. Além disso, nesta passagem costuma aparecer "Caridade" e não "Amor". Na realidade o sentido é o mesmo, Caridade é de origem grega, Amor de origem latina, tardia. Só que, com o uso, de pedir esmola, por haver erros nas instituições de Caridade (não é novidade, mas hoje são *raríssimas* as instituições honestas); a palavra "Caridade" acabou por perder o seu sentido original.

[14] Quando vivi perto de Alenquer dei conta de um costume que eu estranhava: se alguém ao falar comigo elogiava uma terceira pessoa, acrescentava sempre: não desfazendo. Não desfazendo de mim, sem desprezar, em mim, o que quer que estivessem a elogiar na tal terceira pessoa... estranhava eu a necessidade de o verbalizar.
Ao escrever este parágrafo senti essa necessidade. Descrevo o que senti; não "desfazendo" de todas as pessoas (e ainda foram bastantes) que tiveram atitudes excepcionais e bondosas para comigo nestes últimos anos.

[15] O que infelizmente tem vindo a tornar-se mais expectável, entre a facilidade com que os políticos decidem que tudo é propriedade deles e a pouca seriedade dos banqueiros... mas, a parte mais estranha até pode ser a confiança exagerada que as pessoas tiveram nos bancos durante algumas décadas!

[16] Publicado em Portugal no livro *Allegro Ma Non Troppo* de Carlo M. Cipolla.

[17] Voltaremos a este assunto em Os Outros e no anexo Sinais de Alerta.

[18] A este propósito veja-se Yuval Noah Harari, *Sapiens*, Contabilizar a Felicidade, página 443 e seguintes. Ou leia-se o livro todo, que é interessante!

[19] É algo extremamente curioso, não é? Um pouco como Stephen King define um clássico: aquele livro que ninguém quer ler, mas todos querem já ter lido. O que já teríamos feito iremos fazer, não nos incomodaria agora. Isto por um lado leva-nos a

procrastinar facilmente: ao Joaquim de amanhã não lhe vai custar fazer isto - mas vai, tanto ou mais que ao Joaquim de hoje. Mas podemos ver o reverso da medalha: o que fiz ontem, hoje já não me custa nada; pois já está feito! Aproveitemos hoje para fazer as coisas que o Joaquim de amanhã gostaria de não ter de fazer. Como escrever isto... que se o Joaquim dos meses passados tivesse sido mais produtivo eu não precisaria de estar aqui a escrever isto!

[20] Que se encontra disponível no site, em Inglês: https://www.who.int/about/who-we-are/frequently-asked-questions

[21] Talvez alguns dos meus leitores fiquem ofendidos. Então a oração não tem um efeito benéfico? Tem. Mas nem sempre como algumas pessoas desejariam, na verdade todos temos a tentação de olhar para a oração como algo mágico, para alterar a vontade de Deus! E não é esse, seguramente, o papel da oração. Além disso, incluímos neste conceito também xamanismos, homeopatia e por aí fora.

[22] Nestes estudos tentaram provar a eficácia da oração na doença. Juntaram voluntários para rezar e dividiram os doentes em três grupos: o de controle, que ninguém rezava por eles; um grupo em que rezavam por eles, mas não lhes diziam e um grupo em que comunicavam aos doentes que estavam a rezar por eles. Este último grupo é o único que se afasta da norma, para resultados ligeiramente piores (mas não de modo estatisticamente significativo). Não se provou nada sobre a oração, apenas se observou o efeito placebo em acção... com maus resultados!

[23] *Death Becomes Her*, no original.

[24] Curiosamente o método usado para prolongar a vida das moscas é o proposto por Robert A. Heinlein em *Os Filhos de Matusalém*... de 1941!

[25] Veja-se o documento da FDA sobre recolhas de alimentos: https://www.foodpolitics.com/wp-content/uploads/FDA-Top-Ten-Report-With-Embargo-09-30-09.pdf
A FDA deverá publicar uma lista dos alimentos mais perigosos em 2022. Espera-se que chame a atenção para os riscos da fruta e legumes crus: https://newfoodeconomy.org/fda-high-risk-foods-recall-foodborne-illness-salmonella/

[26] Armand Marie Leroi, *Mutantes: Forma, Variações e Erros do Corpo Humano*. Capítulo IX. A vida sóbria (O envelhecimento), página 329. Ou, mais precisamente, o subcapítulo La vita sobria, página 343 e seguintes.

[27] Os períodos do sono em que se sonha, chamados REM, são períodos de intensa actividade cerebral, como se pode verificar com Electroencefalogramas. São períodos de sono que nos fazem gastar muita energia. Sendo, portanto, necessário o sono profundo para compensar, descansar e regenerar.

[28] Ainda hoje nas nossas escolas se ensina um monte de mentiras sobre D. Sebastião, desde que tinha um atraso, que batia na mãe, cuspia na sopa... terminando com "morreu, ou desapareceu em África, para onde foi em busca de vã glória!". Na verdade, se analisarmos cuidadosamente a situação no Norte de África percebe-se que D. Sebastião não partiu por capricho, nem busca de glória, mas porque era necessário. O exército que D. Sebastião enfrentou podia facilmente 'libertar' as várias praças fortes no Norte de África; o que tornaria estas águas piores que o Mediterrâneo para a 'navegação cristã' – recordemos que os "piratas mouros" mantiveram o Mediterrâneo perigoso até 1830. Veja-se https://pt.wikipedia.org/wiki/Piratas_da_Barb%C3%A1ria
Nessa batalha faleceu também o rei de Marrocos, Abd Al-Malik, e o seu sucessor ficou convencido que seria mais fácil e proveitoso usar o poder militar no Sul, conquistando Tombuctu e o Império do Mali. Assim, mesmo sem uma vitória, e apesar dos elevados custos, a Batalha de Alcácer Quibir acabou por cumprir os seus objectivos estratégicos. Na verdade, sem essa batalha, é muito difícil conceber a continuação das navegações portuguesas.

[29] Veja-se Lucas 14:26. Sobre a tradução veja-se A Bíblia de Jerusalém, nota na página 1959.

[30] A mania das tulipas, nos Países Baixos no século XVII criou a primeira bolha especulativa dos tempos modernos. Pode-se ver na Wikipédia:
https://pt.wikipedia.org/wiki/Mania_das_tulipas
Ou melhor em inglês:
https://en.wikipedia.org/wiki/Tulip_mania

[31] O controlo é a raiz da violência doméstica. Caso queiram ter uma ideia do que se trata, sigam este link:

https://qr.ae/TWGqU4

[32] Muitas pessoas dizem aos ateus: então prova que Deus não existe! O problema é que provar uma negativa, por exemplo que não existem tiranossauros vivos actualmente, é impossível. O melhor que se consegue é demonstrar a ausência de provas; o que não significa prova da ausência. Ou seja, pode existir um casal de tiranossauros vivos, que se escondam muito bem. Como não podemos ver todos os locais, muito menos em simultâneo, a possibilidade de existirem tiranossauros vivos pode ser descartada – por falta de evidência – mas não provada.

[33] O caso das leis portuguesas sobre o casamento é muito curioso. O casamento foi introduzido no Código Civil apenas em 1867. Até aí as pessoas casavam pela Igreja ou "viviam em pecado". Com a I República o casamento religioso perdeu a validade sendo o divórcio por mútuo consentimento admissível ao fim de cinco anos. Já no Estado Novo é assinada a Concordata com a Santa Sé, em 1940. Reintroduz a validade do Casamento Católico, agora sem direito ao divórcio civil. Contudo o divórcio amigável passa a ser possível ao fim de dois anos. Em 1966 o Código Civil acaba com a possibilidade do divórcio amigável.
Em 1975 a Concordata é renegociada e pessoas casadas pela Igreja passam a ter acesso ao divórcio civil. Em 1977 é feita uma nova reforma. Esta reforma melhorou substancialmente o status do cônjuge herdeiro independentemente do regime de bens, não que tal tenha alguma relação com a previsível viuvez de um nomeado político na época.
Em 1998 deixa de haver prazo mínimo para o divórcio por mútuo consentimento: em princípio pode-se pedir o divórcio no próprio dia do casamento! Finalmente em 1999 são alargados os direitos e deveres da União de Facto (e em 2001 alargado a pessoas do mesmo sexo, mas não é esse o ponto).Tornando a União de Facto mais próxima do Casamento, em termos legais.
O que considero curioso é que de lei em lei, que, admito, isoladas até poderiam fazer sentido, foi-se tornando irrelevante a escolha das pessoas. De uma situação em que tinham três opções distintas passaram a ter duas praticamente iguais.

[34] Não posso deixar de achar curioso que os selos do Estado Novo digam "Família", em vez de... um qualquer símbolo do poder estatal. Óbvio que não digo nada para não ferir susceptibilidades! Mas, não posso deixar de salientar que a Família, a

219

solidariedade e apoio familiar, são indispensáveis a uma socie-dade livre, a uma sociedade menos dependente do Estado e dos caprichos dos políticos.

[35] Talvez cada um de nós nunca se sinta verdadeiramente adulto... e talvez o cérebro demore muito a amadurecer mesmo. Mas esta mania que aos 30 ainda são muito jovens, como des-culpa para comportamentos que não deviam ser tolerados em idade nenhuma, enerva-me.
Por outro lado, para os pais, tenham 30 ou 60, os filhos serão sempre miúdos.

[36] Assim mesmo, para ficarem baralhados, se "mais do mesmo" significa que não tem impacto ou que tem o mesmo impacto... quando eles tiverem o segundo filho logo percebem.

[37] Neste livro o Dr. James Fallon leva-nos numa viagem pelas suas memórias e conta-nos a descoberta sobre padrões nos cérebros dos psicopatas. Explicando o funcionamento do cére-bro de um modo que eu nunca poderia igualar... nem mesmo copiando!
Este livro tem a vantagem de se debruçar sobre cérebros espe-ciais e a sua influência na mente.
Porque, sobre o cérebro em si talvez aconselhe antes *Cérebro, Manual do Utilizador*, de Marco Magrini, 2019 (em Portugal).

[38] Psicopatas no sentido neurológico, *psicopatas* no sentido... destas pessoas, cruéis, à falta de melhor palavra. É o que dá "psi-copata" ser uma palavra tão engraçada: os psiquiatras não a qui-seram definir, mas não deixaram de a utilizar. Até James Fallon quando percebeu que se encaixava no padrão preferiu alterar o sentido e não a palavra...

[39] https://pt.wikipedia.org/wiki/Robert_Hare
O seu livro *Without Conscience* é de leitura acessível e sem dú-vida completo. O seu teste VER é ainda utilizado.

[40] *Almost a Psychopath: Do I (or Does Someone I Know) Have a Pro-blem with Manipulation and Lack of Empathy?*, de Ronald Schouten e James Silver.
Além de tudo este livro foca-se num ponto importante: não é preciso alguém ser diagnosticado, nem sequer diagnosticável, para causar inúmeros transtornos à sua volta. Basta estar sufi-cientemente perto.

[41] Ou, em inglês, que será mais fácil de encontrar: *The Ten Roads*

to Riches, Ken Fisher, 2008. Sim, é bom! Aconselho.

[42] Uma banda desenhada deliciosa, disponível em:
https://xkcd.com/

[43] Mateus 19:16-30, Marcos 10:17-31 e Lucas 18:18-30

[44] Considerado o primeiro milionário do negócio dos espectáculos.
https://pt.wikipedia.org/wiki/P._T._Barnum

[45] Desculpem alguns dos meus amigos, e espero que alguns dos meus leitores, se esta terminologia vos ofende. Quando alguma pessoa diz algo assim, que me ofende, posso ficar surpreendido. Mas a minha reacção é procurar nos meus comportamentos ou opiniões algo que possa levar a tais críticas. Por vezes, encontro algo errado ou mal explicado, em mim, ou nos meus comportamentos. Outras não. Mas o exercício é sempre interessante.

[46] *Rousseau e Outros Cinco Inimigos da Liberdade*, Isaiah Berlin, Gradiva 2005. Livro de leitura ligeira, mas muito informativo. Aconselho vivamente!

[47] Um prédio em Viana do Castelo cuja Câmara aprovou a sua construção em 1972, para desde daí o tentar demolir. Independentemente das razões, ou não, para a sua demolição a verdade é que neste ano (2019) a Câmara adoptou tácticas indignas de um Estado de Direito, como o corte de serviços básicos como água e electricidade.

[48] https://pt.wikipedia.org/wiki/Robert_Dahl
Contudo, aconselho vivamente a verem antes a página em inglês. Muito mais completa... o que também indica como democracia é um tema pouco discutido em Portugal.

[49] Ou, em inglês, Wisdom of the crowd:
https://en.wikipedia.org/wiki/Wisdom_of_the_crowd

[50] https://pt.wikipedia.org/wiki/Gustave_Le_Bon#Teoria_das_multid%C3%B5es
Mas.... leia-se o livro, que é curto e engraçado... embora às vezes possa ser um pouco ofensivo, para algumas pessoas.

[51] Inclusivamente gabaram-se de poderem executar toda a Assembleia, se assim o desejassem, um por um... desde que fossem decisões do Comité! Tendo eliminado muitos opositores tanto à direita como à esquerda... no total foram cerca de 300.000 presos e mais de 17.000 executados publicamente!

https://en.wikipedia.org/wiki/Reign_of_Terror

[52] Bem, dizer que antes as mulheres tinham direito de voto pode ser excessivo. Mas, nas eleições que precederam, para a Assembleia dos Estados Gerais, houve efectivamente mulheres a votar. Depois... depois demorou quase cem anos para as mulheres voltarem a votar em França! Pela Igualdade, diziam eles.

[53]   Veja-se   https://en.wikipedia.org/wiki/Historical_revision_of_the_Inquisition
No fundo parece que a Inquisição está a pagar pelos crimes dos seus acusadores. Tanto a imagem da inquisição como o tipo de julgamentos, a classe dos números e género de acusações vêm da caça às bruxas do Norte e Centro da Europa.
É como o Anel de Nibelungo: a origem da lenda terá sido um massacre perpetuado pelas tropas romanas na floresta alemã... mas quem ficou com a fama foram os hunos!

[54] O link para o Terço de Fátima:
https://www.fatima.pt/pt/pages/terco

[55] A meditação pode levar à perturbação de identidade dissociativa. Além de tornar as pessoas extremamente sugestionáveis, o que leva à segunda questão: as seitas, ou cultos.

[56] Às vezes esqueço-me que sou velho e que a juventude de hoje pode já não se lembrar:
https://en.wikipedia.org/wiki/Waco_siege

[57] Claro que quem queira uma análise mais detalhada e **melhor** pode consultar o Catecismo Católico em:
http://www.vatican.va/archive/cathechism_po/index_new/p4s2_2759-2865_po.html
Aqui trata-se apenas de alguns apontamentos meus, com os erros que me serão devidos.

[58] A este propósito recordo um texto do Padre Gonçalo que pode ter sido muito criticado na época (2014), mas que achei delicioso:
https://www.publico.pt/2014/01/08/sociedade/opiniao/os-sobrinhos-de-deus-1618710

[59] https://en.wikipedia.org/wiki/Junto_(club)
Com o nome Leather Apron Club inspirou esta página no Facebook:
https://www.facebook.com/junto2012/

[60] Veja-se o TED Talk de Mihaly Csikszentmihalyi sobre Fluxo: https://www.ted.com/talks/ mihaly_csikszentmihalyi_on_flow?language=pt-br

[61] Desculpem, em português está mesmo muito incompleto: https://en.wikipedia.org/wiki/Maslow %27s_hierarchy_of_needs

[62] Muitas vezes, claro, justamente acompanhadas pelo pedido específico de não criar tais reservas! No que se traduz naquela piada "Não pense num elefante cor de rosa!", ficando a pessoa a quem se diz isto, obviamente, a pensar num elefante cor de rosa. Ou, mais cientificamente: https://en.wikipedia.org/wiki/Ironic_process_theory

[63] Porque, claro, existem muitos outros motivos pelos quais um bebé não o faça. Desde Autismo até dificuldades na visão.

[64] https://www.imdb.com/title/tt1235099/?ref_=fn_al_tt_1 De 2009. Nesta série o protagonista, representado por Tim Roth, estudou estas micro expressões de modo académico. A série centra-se na sua capacidade de saber que lhe estão a mentir.

Printed in Great
Britain
by Amazon

31551884R00127